4·16구술증언록 단원고 2학년 2반 제1권

그날을 말하다

수정 아빠 김종근

이 도서의 국립중앙도서관 출판예정도서목록(CIP)은 서지정보유통지원시스템 홈페이지(http://seoji.nl.go.kr)와
국가자료공동목록시스템(http://www.nl.go.kr/kolisnet)에서 이용하실 수 있습니다.
CIP제어번호: CIP2019008054

4·16구술증언록 단원고 2학년 2반 제1권

그날을 말하다

수정 아빠 김종근

4·16기억저장소 기획 편집
(사) 4·16세월호참사가족협의회 지원 협조

일러두기

1. 음절로 식별 가능한 소리를 들리는 대로 전사하는 것을 원칙으로 한다.

2. 의미를 파악하기 위해 추가 설명이 필요할 경우 [ ]로 표시한다.

3. 몸짓, 어조 등 비언어적 행위는 ( )로 표시한다.

4. 구술자가 말을 잇지 못해 말줄임표를 사용하는 경우 ……, …로 길고 짧음을 표시한다.

5. 비공개 영역은 〈비공개〉로 표시한다.

6. 비공개해야 하는 희생자 형제자매의 이름은 ○○, △△ 등의 도형기호로, 생존자의 이름은 A, B, C 등 알파벳 대문자로 표시한다.

7. 비공개해야 하는 제3자는 직분이나 소속, 성만 공개하고, 이름은 ××로 표시한다. 비공개해야 하는 숫자는 자릿수에 상관없이 □로 표시하며, 지명은 □□로 표시한다.

　4·16기억저장소에서는 세월호 참사 5주기를 맞아 구술증언 수
집 사업의 결과물 일부를 100권의 책으로 발간하게 되었습니다.
이 사업은 2015년 6월부터 다양한 학문 분야 구술 연구자들의 자
발적인 참여로 진행되어 왔으며, 세월호 참사를 좀 더 정확하고 다
각적으로 기록하고 기억하고자 하는 노력의 일환으로 수행되었습
니다.

　2014년 참사 발생 이후, 참사 피해자들의 목격담과 경험은 안타
깝게도 공식적인 국가기관과 언론의 기록 속에서 철저히 소외되거
나 왜곡되었습니다. 그것은 세월호 참사가 우리에게 안긴 죽음과
고통의 충격만큼이나 우리 사회의 끔찍한 비극이었습니다. 따라서
사업을 진행하면서 세월호 참사 희생자 가족, 생존자, 생존자 가족,
어민, 잠수사, 활동가, 기자 등등, 참사의 초기 과정을 직접 경험한
분들의 증언을 우선적으로 수집했습니다. 구술자는 이 사업의 취

지와 방식에 개인적으로 동의한 분 중에서 선정했으며, 참여 과정에 어떠한 금전적 보상이나 이익이 제공되지 않았습니다. 또한 구술증언 수집 사업을 진행하는 동안, 면담자는 연구자이자 참사를 겪은 공동체 시민으로서 최대한 윤리적이고자 노력했습니다.

구술자마다 매회 약 2시간씩 3회를 원칙으로 음성 녹취와 영상 촬영을 하는 방식으로 진행되었고, 증언의 일관성을 확보하기 위해 면담자는 큰 틀에서 공통 질문지를 사용했습니다. 공통 질문지의 내용은 참사와 구술자 간의 관계성에 따라 차이가 있지만, 유가족 구술의 경우 1회차 '참사 이전의 삶, 팽목항과 진도에서의 경험, 자녀에 대한 기억'을, 2회차 '참사 이후 투쟁과 공동체 활동 경험'을, 3회차 '참사 이후 개인 및 가족이 경험한 삶의 변화와 깨달음, 자녀의 현재적 의미'를 중심으로 했습니다. 이처럼 증언 내용은 참사 이전에서 시작해 참사 발생 당시의 경험과 이후의 변화 과정까지 폭넓게 수집했고, 면담자는 구술 채록 과정에서 구술자의 발화를 최대한 존중하고자 했으며, 무엇보다 각자의 특수한 경험과 다른 시각을 충실히 반영하고자 했습니다.

이 구술증언록의 발간을 위해, 채록된 음성 자료는 문서로 변환해 구술자와 함께 검토했고, 현재 시점에서 공개할 수 있는 영역과 할 수 없는 영역으로 구별했습니다. 따라서 책에 실린 내용은 모두 구술자로부터 공개를 허락받은 부분입니다. 비공개 영역은 추후 구술자의 동의를 받아 적절한 절차를 거쳐 추가로 공개될 수 있으리라 생각합니다.

이 구술증언록 100권에는 그동안 우리 사회에 왜곡되어 알려지거나 잘 알려지지 않았던, 참사 발생 직후 팽목항과 진도 혹은 바다에서의 초기 상황에 관한 중요한 증언이 포함되어 있습니다. 또한, 자녀를 잃는 잔인하고 애통한 상황을 겪으면서도 그 누구보다 강인한 정치적 주체로 성장할 수밖에 없었던 유가족의 마음과 경험을 구체적으로, 그리고 여러 각도에서 살펴볼 수 있습니다. 그 외에도, 이 구술증언록은 2014년을 전후한 한국 사회의 여러 측면을 드러내는 귀중한 자료가 되리라고 생각합니다. 무엇보다 국내외의 많은 분이 이 책을 읽어, 장차 세월호 참사의 진상 규명과 역사 서술에 기여할 수 있기를 바랍니다.

구술증언 수집 사업이 진행되고, 책으로 출간되기까지 많은 분의 도움과 지지가 있었습니다. 이 지면을 빌려 부족하나마 감사의 말씀을 전하고자 합니다.

먼저 (사)4·16세월호참사가족협의회와 4·16기억저장소에 감사를 드립니다. 이분들의 신뢰와 적극적인 협조가 없었다면, 이 사업은 처음부터 시작할 수조차 없었을 것입니다. 또한 어려운 정치 환경 속에서도 사업의 취지에 공감해 재정 지원을 결정해 준 아름다운가게와 역사문제연구소에 감사드립니다. 두 단체 덕분에, 이 사업을 4년 동안 계속해 올 수 있었습니다. 그리고 구술증언록 100권의 발간에 동의하고, 바쁜 일정에도 출판 실무를 기꺼이 맡아주신 한울엠플러스(주)에도 감사를 드립니다. 이 외에도 많은 개인과 단체가 직간접적으로 많은 도움을 주시고 격려해 주셨습니다. 여기에 모두 밝히지 못하는 것을 죄송하게 생각합니다.

　말할 필요도 없이, 가장 크고 또 가슴 아픈 감사는 구술자 한 분한 분께 드리고자 합니다. 이 책이 발간될 수 있었던 것은, 무엇보다 용기를 내어 아픔과 고통의 기억을 다시 떠올리고 장시간 진심으로 이야기를 해주신 구술자가 있었기 때문입니다. 오랜 시간 이야기를 나누며 함께 공감하기도 했지만, 그 아픔과 고통을 어떻게 가늠할 수 있을까 싶습니다. 더 큰 도움이 되지 못함을 안타까워하며, 이 구술증언록 100권의 발간이 피해자분들에게 조금이라도 위로가 될 수 있기를 기원합니다.

2019년 4월

4·16기억저장소 구술팀 책임자
서울대학교 인류학과 교수 이현정

차례

■ 3회차 ■

수정 아빠 김종근

구술자 김종근은 단원고 2학년 2반 고 김수정의 아빠다. 세 딸 중 둘째로 태어난 수정이는 아빠에게 언제나 듬직한 기둥 같은 존재였다. 사고 후 아빠는 십자수를 배워 그리운 수정이의 얼굴을 한 올 한 올 그려냈다.

김종근의 구술 면담은 2016년 1월 28일, 2월 4일, 2월 11일, 3회에 걸쳐 총 3시간 50분 동안 진행되었다. 면담자는 김익한, 촬영자는 송영랑·이예성이었다.

구술자 본인의 프라이버시나 제3자의 프라이버시를 보호해야 할 부분을 제외하고는 구술자의 발화를 있는 그대로 전사했다.

1회차

2016년 1월 28일

1
시작 인사말

면담자   본 구술증언은 4·16 사건에 대한 참여자들의 경험과 기억을 기록으로 남김으로써 이후 진상 규명 및 역사 기술에 기여하고자 합니다. 지금부터 수정 아빠 김종근 씨의 증언을 시작하겠습니다. 오늘은 2016년 1월 28일이며, 장소는 안산시 정부합동분향소 내 불교방입니다. 면담자는 김익한이며, 촬영자는 이예성입니다.

2
구술 참여 동기

면담자   여러 가지로 마음과 몸이 쉽지 않으실 텐데 이렇게 구술에 참여해 주셔서 감사드립니다. 우선 이 구술에 대해 어떻게 알게 되셨는지요?

수정 아빠   저기 기억저장소, 그 임기현이라는 친구가 전화를 했더라고요. 그 친구가 인제 다른 반 엄마, 아빠들하고는 연락이 되는데, 저희 2반만큼은 연락처를 아는 사람이 저밖에 없었나 봐요. 그래서 무슨 일이 생기고 그러면 꼭 저한테 연락을 먼저 해주더라고요, 톡[카카오톡]을 하든지. 처음에는 아버님, 아버님 하길래 "자네하고 나하고 나이 차이가 별로 안 나는데 그냥 형님이라고 해라" 해가지고 지금은 형님, 동생 하고 있습니다.

면담자   임기현 선생의 제안이었네요. 구술을 결심하실 때 어떤 마음이셨어요?

수정 아빠   처음에 그 기현이 전화를 받고 '이거를 해야 되나, 말아야 되나' 솔직한 얘기로 망설였습니다. 근데 인제 시간을 두고 문자를 보냈길래 '아 이거는 해도 되겠다' 싶어 결정을 한 거죠.

면담자   이 구술 기록이 어떻게 사용되었으면 하는 바람이 있으신지요?

수정 아빠   이… 이런 사고가 없었으면 좋겠는데, 앞으로는 이런 사고 절대 일어나지 말아야 되니까, 사고 예방 차원에서 조금 사람들이 알아줬으면 좋겠어요. 왜 이런 사고가 일어나는지, 그러니까 안 나도 될 사고를 지금 만든 거잖아요. 그런 쪽에 조금 참고가 됐으면 좋겠습니다.

3
어린 시절

면담자   본격적으로 아버님 생애사와 관련된 구술을 시작하겠습니다. 우선 태어나신 곳은 어디셔요?

수정 아빠   전라남도 구례입니다.

면담자   몇 년도에 태어나셨고, 성장 과정은 어떠셨어요?

수정 아빠   1966년도에 태어나 가지고, 그냥 농사꾼의 아들이었죠. 저희 형제가 5형제였습니다. 근데 큰형님이 저 중학교 다닐 때 군에서 갑자기 사망을 하셔가지고 4형제만 지금까지 쭉 오고 있는데요.

면담자   구례라면 바로 뒤가 지리산, 정말 좋은 자연환경이지만, 그 시대 농가에서 자라나셨다면 경제적으로나 문화적으로나 그렇게 풍요롭지는 않았을 거 같은데요.

수정 아빠   그렇죠.

면담자   어린 시절 가족들과의 기억을 되살려 보면 어떠세요?

수정 아빠   솔직히 농사짓고 살 때… 당시에는 경제적으로 여유가 있는 사람들이 거의 없었거든요. 거기다 바로 지리산 밑이라 농지도 별로 많지 않고 상당히 힘들었는데, 가족 간에 우애만큼은 정말 좋았습니다.

면담자   초등학교 들어가기 전까지 떠오르는 건 없으세요? 뭘 하고 놀았다든지.

수정 아빠   뭐라 그럴까, 놀이기구 같은 게 없잖아요, 시골은. 그러니까 인제 공깃돌 같은 거, 돌멩이로 뭘 만들어서 한다든지, 나무… 죽은 소나무 같은 게 있으면 그걸로 팽이를 깎아가지고 놀거나, 그 야산에 올라가면 억새풀 있잖아요, 그 억새풀 피기 전에 뽑아가지고 그런 거 가지고 노는 게, 그런 게 유일한 놀이였죠, 뭐.

면담자　　　그런 자연에서 장난감 만들어 놀며 즐겁게 지내서서 그런지 아버님 뵈면 고운 마음이 금방 드러나세요. 어릴 적 꿈은 뭐셨어요?

수정 아빠　　　저는 사관학교를 가려고 했었습니다. 왜냐하면 인제… 시골에서 대학 보낸다는 게 어렵잖습니까? 그때 아버님한테 들은 얘기가 지금도 여기 (손으로 가슴 쪽 가리키며) 남아 있는데, "너는 학교를 가지 마라" 그래 가지고 국비로 되는 데를 주로 알아봤었거든요. 근데 그 얘기를 듣고 솔직한 얘기로 공부가 하기 싫더라고요.

면담자　　　아버님께서 그런 말씀을 하신 건 맏아들을 위해서?

수정 아빠　　　아니… 제 위로 형님이 두 분 계세요. 제가 5형제 중에 넷째였는데, 인제 큰형님 돌아가시고 셋째가 됐죠. 바로 제 위 형님이 인제 대학을 가니까 그 학비 대기가 힘들다고. 저 솔직히 고등학교도 안 보내려고 했는데 제가 우겨서 간신히 고등학교 졸업했거든요.

면담자　　　많이 실망하셨을 거 같은데, 부모님을 많이 원망하거나 반항도 하셨는지요?

수정 아빠　　　아니… 그래 본 적은 없어요. 제 속에 담아놨었지 뭐, 반항하거나 그런 적은 없습니다.

면담자　　　중·고등학생 때 어려웠던 점은 어떤 것이었습니까?

수정 아빠　　그니까 제가 중학교 1학년 때, 큰형님 돌아가시고, 그때가 가장 힘들었죠. 어머님이 한 10년 동안을 밖에를 안 나가셨어요.

면담자　　　그럼 중고생 때 집안 분위기가 좀 어두웠겠어요.

수정 아빠　　예, 그렇죠.

면담자　　　그 당시 공부나 노는 건 어떠셨어요?

수정 아빠　　그때 상황이 참 힘들어가지고 제가 인제 운동을 시작했죠, 학교 다니면서. 도저히 스트레스를 풀 데가 없는 거예요. 그래서 체육관[을] 등록했는데, 근데 시골 체육관이라고 해봐야 그 옛날에 매상이라고 그러죠, 나락 같은 거 수매하는…, 추곡 수매하는 그 창고를 빌려서 운동을 했었어요. 그것 땜에 아마 버텨오지 않았나 싶거든요, 지금.

면담자　　　체육관에서는 주로 어떤 운동을 하셨을까요?

수정 아빠　　태권도를 했었습니다. 치고받고 하는 그런 게 좋아서.

면담자　　　말씀이나 심성은 굉장히 고우신데 과격한 운동을 하셨네요. 장래 꿈을 펼치기 어려운 상황, 큰형님 사후에 어두워진 가정환경 등을 극복하는 데 긍정적으로 작용했을 거 같습니다.

수정 아빠   그때는 짧은 2시간이지만 모든 걸 잊을 수가 있었으니까요.

면담자   같이 했던 친구들도 기억나십니까?

수정 아빠   예, 기억하죠. 다들 지금은 뿔뿔이 흩어져서 연락만 하고 있는데, 지금도 저기 고향에서 체육관 하는 친구가 있습니다.

면담자   그 운동 외에 특별히 행복한 기억은?

수정 아빠   그런 기억은 없습니다.

면담자   집에서 농사를 지으면 도와야 하잖아요. 방과 후나 주말에, 특히 모내기나 추수 때는 일 많이 하셨죠?

수정 아빠   그렇죠. 저희가 학교 다닐 때는 공부보다 집안일이 먼저였습니다. 항상 학교 끝나고 집에 딱 오면 제일 먼저 해야 될 일이 소 먹일 풀 베러 가는 거, 그게 제일 1순위였거든요.

면담자   중·고등학교 다닐 때 주먹싸움도 하곤 하는데, 그런데 휘말린 적은 없으세요?

수정 아빠   아니… 전혀 그런 쪽에는 관심도 없었습니다. 오로지 저를 단련하기 위해서 운동을 한 거지, 누구를 뭐 저기 하려고 그런 생각은 해본 적이 없거든요. 근데 고등학교 수학여행 갔을 때 하마터면 진짜 다른 학교하고 패싸움 날 뻔했습니다.

4
서울 상경

면담자　고등학교 졸업 후에는 어떻게 생활하셨어요?

수정 아빠　고등학교 졸업하고 1년 정도 집에서 농사일을 돕다가 이대로는 도저히 안 될 거 같더라고요, 시골에서 산다는 게 너무 비전도 없고 제 자신이 너무 초라해지는 거 같아서. 당시 고등학교 다닐 때 학교에다가 왜 저금 같은 거 하지 않습니까? 그 돈 2만 5000원 갖고 인제 무작정 올라온 거죠, 서울로.

면담자　어디로 올라오셨어요?

수정 아빠　당시에 형님이 수유리 쪽에 살고 계셔가지고, 그 돈만 가지고 무작정 형님 집으로 찾아간 거예요, 그냥.

면담자　그러면 서울로 올라오신 게 대체로 1980년대 후반쯤 되나요? 형님을 도와서 어떤 일을 하셨어요?

수정 아빠　인제 형님은 동대문시장 같은 데, 백화점 같은 데 옷 만들어서 파는 공장을 조그마하게 운영하셨거든요. 거기서 조금씩 도와주고 그렇게 생활을 한 거죠.

면담자　형제간이라 월급 같은 건….

수정 아빠　아, 그거는 생각도 안 했습니다, 용돈 정도만 받고.

면담자　그러다가 군에 가셨겠네요.

수정 아빠   예.

면담자   언제쯤 가셨습니까?

수정 아빠   제가 군대를, 시력이 안 좋아가지고요, 영장을 일곱 번을 받았습니다. 첫 영장받고 나서 가니까 시력이 안 좋다고, 7급 해가지고 귀가 조치… 춘천 두 번 가고, 광주 다섯 번 가고 그랬습니다. 결국은 지금으로 말하면 공익요원이죠. 당시엔 방위라고 그랬었잖아요. 군부대에서 생활을 하긴 하는데, 출퇴근이 가능했던….

면담자   근무지는?

수정 아빠   사단을 얘기해도 되는지 몰라도… 31사단. 구례, 3대대라고 있거든요. 거기서 그래도 저는 운동을 했다고 조교로 있었으니까, 조금 편하게 있었습니다.

면담자   한국 사회에서, 특히 남자들에게 군대 경험은 평생 간다는데… 군생활은 어떠셨는지요?

수정 아빠   군대생활이라 해봐야 뭐 특별히 기억나는 건 없고. 거기가 또 취약 지구라고 해서 전방으로 갔다가도 그리 내려오거든요, 그 지역 사람들은. 거기서는 다른 데는 나갈 수가 없어요. 제가 서울로 갈라고 전출 신고를… 전출을 보내달라고 몇 번을 졸랐다가 인사기획한테 귀싸대기만 맞고 그랬습니다. 전출은 아예 안 되고, 전입은 받아주는데.

수정 아빠 김종근

면담자   그때만 해도 군대에서 구타가 일상이던 시대 아닙
니까?

수정 아빠   그렇죠. 내무반에 커튼 다 치는 날이면 맞는 날이니
까요. 중대장님들이나 소대장님들도 보고 그냥 지나가시지, 뭐, 그
때는 간섭을 안 했었거든요. 일과 시작이 맞고 시작하는 거예요,
그냥.

면담자   그러다 나중에 고참이 됐을 때는 직접 하기도 하는데.

수정 아빠   아니요. 제가… 아이러니하게도 제가 맞고 군생활
했기 때문에 후배들한테는 절대… 그 후임들한테는 그런 거를 안
해야 되겠다는 생각을 이등병 때부터 머릿속에다 박아놓고 있었거
든요. 구타가 있는 거는 알고 군대를 갔기 때문에, 내가 맞았다고
후임들한테 똑같이 하면 저도 똑같은 사람 되잖아요. 그니까 제가
인제 말년 됐을 때는 '우리 소대만큼이라도 구타를 없애자' 해가지
고 무던히 노력을 했는데. 숨어서는 했겠죠, 안 보이는 데서는. 근
데 보이는 데서는 그렇게 단체 집합 같은 거는 없게 만들어놓고 나
왔었거든요.

면담자   일찍이 '선진 군대' 모범을 만드셨네요.

수정 아빠   왜냐하면 군대를 가고 싶어서 간 건 아니잖아요. 가
기 싫어도 어쩔 수 없이 갔는데, 거기서 또 맞고 생활한다는 게 그
게 저로서는 굉장히 이해가 안 갔거든요. 지금… 요즘도 마찬가지

이지만, 꼭 군대 가면 고문관들 있지 않습니까, 한두 명씩. 꼭 그 애들이 속을 썩여가지고…. 저희 동기 중에도 그런 '사이코'가 하나 있어서 애를 먹은 적이 있습니다.

면담자   얘기가 좀 틥니다만, 돌이켜 보면 사람이 사람을 때리고, 강제로 무언가를 하도록 하는 이런 행위들이 우리 사회를 망가뜨리는 요소입니다. 군대를 포함해 폭력, 사람이 사람을 때리는 것, 또는 권력을 이용해서 약자를 억압하는 것, 이런 것에 대해 생각해 보신 적이 있을까요?

수정 아빠   그게 그 사람들도 평범하다가 그런 권력을 잡거나 그런 위치에 올랐을 거 아닙니까? 자기네들도 당했을 건데, 그거를 고대로 돌려주거나, 나쁘게 한다는 거는 사람 자체가 잘못됐다고 생각해요, 저는. 인성 자체가 바르지를 못한 거니까. 내가 이만큼 당했으니까 나도 이렇게 해야 된다, 그건 발전이 없거든요.

5
수정 엄마와의 첫 만남과 결혼생활

면담자   제대할 때쯤 되면 어릴 적 꿈과 다르게 뭘 하고 싶다거나 앞으로 어떻게 인생을 꾸미겠다는, 성인으로서 미래를 그리곤 하는데요.

수정 아빠   그게 큰 꿈이라기보다는, 제대하고 나서 인제 수정이 엄마를 만났었거든요. 당시에는 제가 자신 있게 해줄 수 있는 게 '아, 이 사람만큼은 울리지 않을 자신이 있다' 그 생각밖에 없었습니다.

면담자   한 여인에게 인생을 바치겠다는 생각이셨네요?

수정 아빠   좋게 말하면 그렇죠, 예.

면담자   수정 어머니는 어떻게 만나게 되셨어요?

수정 아빠   그… 인천에서 만났어요. 서울에 있다가 인천 외삼촌댁에 갈 일이 있었는데, 외삼촌댁 옆 공장에서 수정이 엄마가 일하고 있었고, 거기 상무님이 저희 이모부셨어요. 그래서 그 공장에 놀러갔다가, 그 뭐라고 그럴까, 지금 말하면 딱 꽂혔다고 그래야 될까, 눈에 확 들어오더라고요. 거기 기숙사 옆에서 저희 외숙모님이 쉽게 말해서 공장식당을 하고 계셨고, 외삼촌 아들이 거기 같이 살고 있으니까 걔를 이용했죠. 걔는 같이 오래 생활을 했다 보니 얼굴을 아니까요. 누구누구 몇 시에 잠깐 어디 슈퍼 있는 쪽으로 나오라고 해달라고 해가지고, 인제 거기서 자주 만났었죠.

면담자   수정 어머니 뭐가 그렇게 좋으셨어요?

수정 아빠   모르겠습니다. 지금 생각해도 그거는, 왜 그랬는지 (웃음).

면담자   연애를 오래 하셨어요, 아니면 바로 결혼하셨어요?

수정 아빠   한 8년 정도 연애를 한 거 같습니다.

면담자　　　　꽹장히 긴 연애 생활이셨네요. 아버님은 수유리에서 계속 지내시고?

수정 아빠　　그때는 외삼촌 집에… 형님 집에 있다가 인천으로 외삼촌 집에 잠깐 놀러갔다가 아예 그 공장엘 제가 들어간 거죠, 형님 일을 제쳐놓고.

면담자　　　　그럼 수정 어머니와 같은 직장에서 8년 간 같이 일하신 거네요?

수정 아빠　　예.

면담자　　　　인천에서는 주로 어떤 일을 하셨어요?

수정 아빠　　아, 실내화 있지 않습니까? 밖에서 학생들이 신는 실내화 말고 가정용 실내화, 그런 거 만드는 공장이었거든요. 그때는 사정이 안 좋아서 그런지 정전이 그렇게 많이 됐었어요, 공장 쪽에서. 그래 가지고 3년 정도 될 때까지 아무도 몰랐었거든요, 회사에서도. 근데 갑자기 정전이 되니까 일을 못하고 나왔다가 그 순간에 인제 공장 사람들한테 들킨 거죠. 근데 저희만 그런 줄 알았더니 그런 쌍쌍이 꽹장히 많더라고요, 같은 공장 내에서도. 서로 알아보고, 뭐 이렇게(엿 동작) 얘기하지 말자고.

면담자　　　　신발 만드는 일도 라인에 따라 나뉘던데요….

수정 아빠　　수정이 엄마는 그 봉제 쪽, 미싱 쪽 일을 했었고, 저는 인제 재단, 그쪽에 있으니까는 항상 봉제 쪽에서 재단 쪽을 와야 물건을 갖고 가니까 그렇게 본 거죠.

면담자   수정 어머니랑 연애하실 때 가장 행복했던 순간이
랄까….

수정 아빠   아, 기억에 남는 거요? 거기가 인천, 지금의 주안역
바로 맞은편이었거든요. 거기서 공원… 인천에 가면 수봉공원하고
자유공원 두 개가 있습니다. 자유공원은 좀 멀고 수봉공원은 가까
웠거든요, 근데 수봉공원 들렀다가 자유공원으로 이렇게 돌아서
오는 코스였습니다. 인제 일요일 같은 때 아침에 나가서 걸어서 돌
다보면 저녁 때 되는 거죠. 그런 식으로 주로 만났죠.

면담자   그 시절, 90년대 초반이면 봉급은 어느 정도였을
까요?

수정 아빠   예. 당시 70만 원에서 80만 원 정도였습니다, 봉급이.

면담자   아, 월급이 적지 않았네요?

수정 아빠   예, 적지는 않았죠.

면담자   그럼 독립하신 건 언제쯤이세요? 집을 얻어 나가
신 게….

수정 아빠   아, 인천에서 인제 부천으로 옮기면서, 그때부터 살
림을 시작했죠.

면담자   결혼하기 전 상태로요?

수정 아빠   예, 결혼하기 전이죠, 예. 수정 엄마랑 살기 시작한 게 1993년인가 그럴 거예요, 아마.

면담자   그러면 첫아이는 언제?

수정 아빠   제가 28살 때 큰애를 낳았죠. 인제 부천에서 살다가 서울로, 저기 태릉 입구 쪽으로 이사를 온 뒤에 애가 생긴 거죠. 일부러 저희는 애를… '하다못해 전셋집이라도 하나 만들어놓고 애들을 키우자' 해가지고 전세 얻어놓고, 서울에다 전세 얻고 나서 인제 애를 낳았거든요.

면담자   인천에서 계속 일하시다가 전세 자금을 마련하고 서울로 이사하신 뒤 수정이 언니를….

수정 아빠   예, ○○이를 낳은 거죠.

면담자   정신없이 일해서 돈 모으고, 사실은 굉장히 힘든 생활이었는데 수정 어머님과 함께여서 행복하기도 한 그런 삶이었을 거 같습니다. 수정 어머니와 가정을 꾸려갈 때 뭐가 제일 어려우셨어요?

수정 아빠   크게 뭐 어려운 거는 없었고, 일단 수정 엄마가 모든 거를 다 이해를 해주니까요. 다만 조금 질투심이 많아 가지고 그게 조금 힘들었죠.

면담자   두 분이 다 일하셨지만 한 푼 한 푼 모아 전세 자금을, 집을 마련하는 게 만만치는 않았을 텐데요.

수정 아빠 김종근

수정 아빠　　저기 이런… 중간에 결혼하는 과정에 또 사건이 하나 있습니다. 결혼식 일주일 남겨놓고, 청첩장은 이미 다 돌렸거든요. 근데 제가 교통사고가 난 거예요, 오토바이를 타고 다녔었는데. 그래 가지고 3개월을 입원했거든요. 근데 거기서 나온 보상금이 조금 도움이 됐습니다. 일주일 남겨놓고 교통사고가 나니까는 시골에서는 난리가 났죠, 이거 결혼식을 물려야 되는지 어쩌는지. 그냥 제가 강행하자고 했습니다, 뒷주머니에 진통제 꽂아 넣고. 원래 주례가 말이 많지 않습니까, 길지 않습니까. 근데 아버님이 아시는 분이라 미리 말씀을 드렸거든요. "제가 지금 허리가 아파서, 교통사고 후유증이 있고 해가지고 빨리 끝내달라" 말씀을 드렸는데 20분을 하시더라고요. 서 있는데 아주 혼났습니다, 그때. 그래도 그 교통사고 보상금이 조금 도움이 됐죠, 700만 원 가까이 됐으니까는.

면담자　　고통이 심했겠지만 꿈에 그리던 수정 어머님과 결혼을 하셨으니 육체적 고통이야 대수롭지 않으셨겠어요.

수정 아빠　　예.

면담자　　근데 편찮으셔서 여행은 어떻게?

수정 아빠　　아직도 신혼여행을 못 갔습니다.

면담자　　어떻게 그래도 잘 견디고 사십니다, 수정 어머니가?

수정 아빠　　예, 그런 거는.

면담자   천사 같은 분이시네요.

〈비공개〉

면담자   어릴 적 회한이랄까, 그런 것도 결혼생활의 행복으로, 성실하게 가정을 일구면서 많이 상쇄됐을 것 같습니다. 그래도 수정 어머님과 아버님은 공장에서 계속 일할 수밖에 없었던 거죠?

수정 아빠   예.

6
안산으로 이주

면담자   일 자체는 어떠셨어요, 지루하고 고통스럽지 않으셨어요?

수정 아빠   고통이라기보다는, 제가 살아가려면 어차피 해야 되는 거니까요. 근데 공장에서 같이 일하는… 수정 엄마랑 같이 했던 거는 인천에서만이고, 서울 올라와서는 제가 한의원에 가지고요. 제가 한의학에 관심이 있었는데, 우연찮게 친구 형님 소개로 한의원을 들어가게 되었습니다. 거기서 인제 한약 조제하는 법 같은 거를 좀 배웠거든요. 거기 한의원에서 한 10년 정도 생활을 했습니다.

면담자   서울로 이사한 후에는 수정 어머니도 직장을 옮기셨겠네요?

수정 아빠   그때는 인제 큰애가 태어나 가지고 일을 못하고 집에 있고, 제가 일을 한 거죠.

면담자   예. 수정이는 언제 태어났습니까?

수정 아빠   수정이는 큰애보다 두 살 어려요. 그니까 큰애도 꼬맹인데 수정이가 태어나니까 경제적으로 조금 어려움이 있더라고요.

면담자   수정이가 초등학교는 어디서 다녔어요?

수정 아빠   그때는 안산으로 다시 왔을 때입니다. IMF 외환위기 때 한의원이 문을 닫아가지고 안산으로 넘어왔거든요. 그래 가지고 제가 처음 시작한 게, 다른 거는 아무것도 배운 것도 없고 한의학밖에 없는데, 여기서 찾아보니까는 없더라고요. 그래 가지고 수정이 이모부가 자동차 정비를 했었어요. 거기서 인제 억지로 가서 배운 거죠, 제가. 그냥 무턱대고 들어가서 '나도 이거 배워봐야 되겠다' 해가지고, 그때 정비를 시작한 거죠.

면담자   IMF 외환위기 직후에 서울에서 일하던 분들이 안산으로 많이 오시긴 합니다. 그때 안산이라는 지역을 선택하게 된 어떤 이유 같은 게 있습니까?

수정 아빠   동서가 안산에 있었으니까요. 멀리 부산에 처남도 있었는데 부산까지 가기는 뭐 하고 해서. '어차피 배울 거면 가까운 안산 이쪽으로 가자' 해가지고 그때 안산에 정착하게 됐습니다.

면담자　　　　서울에서 수정이를 낳고 안산으로 이주했으니까 수정이는 초·중·고등학교를 안산에서 다닌 거네요. 처음 이주한 곳이 어디셨습니까?

수정 아빠　　　원곡동입니다, 안산.

면담자　　　　계속 원곡동에서 생활하셨고요?

수정 아빠　　　원곡동에서 4년인가 살다가, 〈비공개〉 이사를 생각하고 있었는데, 마침 재개발이 빨라져 버린 거죠, 원곡동 거기가. 그래 가지고 아예 외곽으로 나갔어요, 저 면허시험장 있는 쪽. 거기 아예 터를 잡고 지금까지 계속 거기서 살고 있습니다.

면담자　　　　면허시험장 쪽이면 동으로는 와동?

수정 아빠　　　예, 와동.

면담자　　　　처음 원곡동으로 오셨다가 와동으로 이사해 현재까지 쭉 거주하고 계신 거네요. 그럼 수정이가 와동에서 초등학교 들어갔겠네요.

수정 아빠　　　예. 와동초, 와동중, 단원고, 그렇게 나왔거든요.

7

수정이의 특징

면담자　　　이제 수정이 얘기를 시작하려는데, 수정이는 다른 자매들에 비해 어떤 특징을 가진 아이였습니까?

수정 아빠　　인내심이 굉장했습니다, 참는 게. 그니까 다른 애에 비해서 조금 어른… 나이에 맞지 않게 어른스럽다고 해야 되나? 애가 어렸을 때부터 그랬었거든요, 생각하는 게. 엄마를 굉장히 많이 챙겼고요.

면담자　　　수정이가 자라면서 엄마, 아빠에게 자주 해달라거나 하는 건?

수정 아빠　　특이하게 우리 애들은 뭐를 갖고 싶다거나, 뭘 먹고 싶다거나 그런 적이 없었어요. 오히려 제가 너 이 장난감… 인제 애기들은 장난감에 관심이 많잖아요? 근데 그런 쪽에는 별로 관심도 없고, "너 이거 갖고 싶지 않냐?" 그러면 쳐다보고 그냥 가요, 관심도 없고. 슈퍼 같은 데 가서 과자를… 내가 "과자 사줄 거니까 한번 골라봐라" 그러면 딱 자기 먹을 거 하나만, 항상 그런 식이었거든요. 그러니까는 애들이 뭐를 좋아하는지, 애들이 관심이 있는지 없는지, 솔직히 그게 걱정이었어요.

면담자　　　엄마하고 굉장히 가까웠다고 하셨는데, 옆에서 보시기에 엄마랑 수정이는 주로 뭘 하면서 즐겁게 놀았어요?

수정 아빠   그 나무 모형 있지 않습니까? 애들 갖고 노는 거, 삼각형 모양, 사각형 모양, 거기에 이 틀에다 맞추는 게 있더라고요. 그거를 잘 갖고 놀았죠.

면담자   안산으로 이주하고는 자동차 정비와 관련된 일을 쭉 하셨는데, 출근 시간이 빠르거나 퇴근 시간이 늦거나 그러지는 않으셨겠습니다?

수정 아빠   그렇죠, 9시에 출근해서 6시 퇴근이니까요.

면담자   나머지 시간은 주로 가정에서 아이들과 지내는 아빠이셨나 보네요?

수정 아빠   예. 저는 회사하고 집 말고는 다른 데 가본 적이 없습니다.

면담자   아이들과 많은 이야기를 나누고 즐거운 놀이도 한 가정적인 아빠이셔서 수정이 모습이 영화처럼 기억날 때가 많을 거 같아요. 시간대와 상관없이 그런 장면들을 이야기해 주세요.

수정 아빠   예. 일요일 날 같은 때는 저기 화랑유원지 저쪽 잔디밭에를 자주 갔었거든요, 애들 데리고. 이러면 수정이가, 그때는 막내까지 태어났을 때죠, 시간이 지난 후니까는. 근데 막내가 맨발로 그렇게 잘 돌아다녔어요, 신발 신겨주면은 벗어놓고. 수정이는 그거를 챙겨 들고 항상 동생 뒤를 졸졸 따라다니는 거죠. 그래서 '아, 언니라 조금 다르구나' 그런 거를 느꼈죠. 〈비공개〉 수정이는 항상 이렇게 벤치에, △△이, 막내를 올려놓으면 떨어질까 봐 난간 붙들고, 지금도 그 사진은 있거든요. 애기… 동생에 대한 게… 굉장히 잘 챙겼어요, 동생을.

8
하루 일상과 휴일 생활

면담자　　　수정이 중고생 즈음, 아침에 일어나서 회사 가시고, 퇴근해서 주무실 때까지 하루 일상은 대개 어떠셨어요?

수정 아빠·　　　저는 오전 6시 반이나 7시 정도에 일어나면, 수정이는 벌써, 고등학교 다닐 때는 학교 갈 준비를 마치고 있어요. 애들 키워놓고는 인제 수정 엄마도 일을 다녔었거든요. 근데 엄마 피곤하다고 지가 아침 챙겨 먹고, 엄마 일어나면은 아침 다 먹었으니까 더 주무시라고 하고. 학교를 가는데 버스 기다리는 시간이 아깝다고 고등학교까지 항상 걸어 다녔어요. 애가 방송부라서, 방송부 활동을 하면서 학교를 빨리 가야 된대요, 그 좋 시간을 맞춰야 된다고. 항상 그랬[으니까]… 새벽에 나갔다가 밤늦게 야간 자율 학습 끝나고 그렇게 오니까, 거의 집에서는 주말 빼고는 뭐 수정이 얼굴 보기 힘들었죠.

면담자　　　아버님 일상도 말씀해 주세요.

수정 아빠　　　저는 뭐 크게 얘기할 게 없는데, 직장생활이라는 게 다 똑같지 않습니까.

면담자　댁에서 공업사까지는 어느 정도 거리?

수정 아빠　20분, 차로 20분 정도 거리거든요.

면담자　그러면 수정 어머니, 큰애, 작은애와 아침 식사를 하고, 출근하시고?

수정 아빠　예, 수정이 나가고, 인제 엄마 나가고, 그런 식으로 된 거죠.

면담자　수정이가 어느 정도 자란 후부터는 어머니도?

수정 아빠　일을 했었으니까. 최근까지도 일을 했었어요.

면담자　무슨 일을 하셨습니까?

수정 아빠　저기 식당 주방에서 요리하는 거 그거 했었거든요. 근데 너무 힘들어하니까 제가 그만두라고 그랬었거든요, 사고 나기 전부터, 몇 년 전부터. 근데 고집이 있어가지고, 그 고집은 못 꺾고요. 근데 인제 너무 안 좋아지니까는 작년 12월 31일 날 딱 끝내더라고요. 지금은 계속 치료받는 중이고….

면담자　그러면 어머니는 안산으로 오고 3, 4년 후부터 다시 일하기 시작하셨고, 아버님은 공업사에서 주로 어떤 일을 하셨습니까?

수정 아빠　음… 사고 나가지고 인제 견인차에 끌려온 차들 있지 않습니까? 그러면 엔진 따로 분해하고, 속 내장[내장재: 고무, 플라스틱 등의 자동차 내장 부분] 따로 분해하고… 완전 철판만 남겨놓고 다 분해를 하는 거죠. 분해해서 다른 쪽 절단해서 수리하고 나면, 저는 엔진부였으니까… 엔진 외형 만들어놓으면 갖다가 시동 걸 수 있게끔 해주는 그런 거였죠. 계속 일상이 반복되는 거예요, 항상.

면담자　퇴근하고 수정 어머니랑 저녁 드시고, 저녁식사 후에 딱히 뭐 하실 일이 많지는 않으셨겠습니다?

수정 아빠　그렇죠, 예. 애들 얘기… 하루 일과 어떻게 지냈는지 그거는 인제 날마다 물어보면 짜증내니까, 가끔 일주일에 한두 번 정도 "오늘은 어땠냐" 물어보면 얘기해 주다가…. 근데 수정이 같은 경우에는 그 학교 방송 편집 그거 때문에 자기 방에서 거의 안 나오다시피 했어요. 그냥 방문 항상 열어놓고 얼굴은 볼 수 있게 하면서, 맨날 노트북 앞에 앉아 있는 게 일이었으니까요.

　어느 날인가는 자기가 키가 커야 되겠다고, 어디서 뭔 얘기를 들었는지 10시 전에 잠을 자면 키가 좀 큰다고 그 얘기를 듣고, 9시 반부터 준비를 합니다, 인제 잠자려고. 그래서 10시 되기 이전에 모든 일을 다 접어놓고 잠을 자다가 3시쯤에 일어나서 또 인제 편집을 하는 거예요. 그니까 10시 전에는 무조건 자고, 새벽에 일어나서 일을 하는 거죠, 잠은 1, 2시간 정도밖에 안 자고. 자는 걸 보고 제가 잠이 들었다가 갑자기 새벽에 깨서 보면 일어나 있는 거예요, 벌써. "너 잠 안 자냐?" 그러면 잤다고 그러면서…. 그니까 아침에 학교를 빨리 가도 개는 지 스스로 힘든 걸 못 느끼는 게 새벽에 일어나서 활동을 하고 있었으니까, 그렇게 학교를 다녔었거든요.

면담자   저녁 식사 후에는 TV를 보시거나, 주로 뭘 하셨어요?

수정 아빠   TV는 별로… 지금도 마찬가지이지만은 제가 좋아하는 프로그램은 다큐멘터리 아니면 그 자연 나오는 거 있지 않습니까, '자연인이다' 뭐 그런 프로그램 말고는 그렇게 좋아하는 거는 없거든요. 애들이 음악방송을 틀면 저는 그렇게 시끄럽고 안 좋아요. 그래 가지고 아예 안방에다 TV를 하나 따로 해놓고 "그래, 니들은 거실에서 봐라" 했죠. 나는 안방에서 보다가 잠들고, 그런 식으로 살았죠.

면담자   아까 공원에 놀러갔던 주말 이야기를 하셨어요. 대개 주말은 어떻게 보내셨어요?

수정 아빠   어디 여행을 간다기보다, 주말에는 애들 데리고 가도 꼭 제 관심사가 있는 쪽으로 가게 되더라고요. 제가 관심 있는 게 뭐냐면, 차를 타고 가다 보면 무슨 사당 같은 거 있지 않습니까? 그런 데를 꼭 가보고 싶거든요, 그냥. 저기는 꼭 가보고 싶다 하는 데는, 혼자는 못 가지만은 애들 데리고 간 데가 제일 먼저 민속촌, "이렇게 우리가 살았다", 시골이니까 제 살던 모습하고 비슷한 그 환경이니까는 거기를 데리고 갔었고, 저기 사도세자 있는 융건릉, 그런 데를 주로 많이 다녔고요. 근데 가까운 데 여기… 저쪽 노적봉 폭포, 그런 데를 간 거죠, 멀리는 못 가고.

9
세 자매의 우애

면담자　아까 수정이 언니, 동생 이름이 뭐라고 하셨죠?

수정 아빠　언니가 ○○이고요, 동생이 △△.

면담자　세 자매 사이는 어땠어요? 보통 자매 사이가 아주 좋거나, 아주 달라서 자주 투닥거린다고들 하는데.

수정 아빠　아, 얘네들은 주로 셋이서 잘… 아니 둘이, ○○이하고 수정이하고… △△이는 인제 나이 차이가, 큰애하고 5살이 차이 나니까요. 큰애는 애기로 보고, 그래도 수정이는 동생이니까, 그 가까운 동생이잖아요? 항상 ○○이하고, 큰애하고 수정이하고 얘기하고 있으면 △△이 막내는 따로 놀았죠, 지 혼자. 그러면 둘이 얘기하다가 수정이가 인제 동생이 걸리는 거예요. 그러면 같이 끌어안아서 얘기를 하고. 근데 사이는 굉장히 좋았어요, 셋 다.

면담자　수정 어머님하고 아버님은 아이들에게 엄한 편이셨어요, 아니면 좀 자유롭게 내버려 두는 쪽이셨어요?

수정 아빠　그니까 목표를 딱 정해놓고, 제 나름대로의 기준을 정해놓고, 쉽게 말해서 방목하다시피 키웠죠, 애들을. 그냥 놀고 싶을 때 노는데, 제가 가지고 있던 기준을 넘어가면 그때만 야단을 치는 거죠. "이거는 이렇게 하면 안 된다", "그거는 아닌 거 같다"라는 식으로. 〈비공개〉

면담자　　　수정이 얘기 조금만 더 하면, 제일 기억에 남는 게 어떤 거세요?

수정 아빠　　　수정이 얘기는 지금 머릿속에 다 들어와 있어가지고, 어떤 게 저거 하다고 말씀드리기가 뭐 한데…….

면담자　　　지금 말씀하시기 뭐 하면 다음 기회에 하셔도 되고요.

수정 아빠　　　다음에 하겠습니다.

면담자　　　예. ○○이, 수정이, △△이 키우면서 아버님께서 제일 중요하게 생각하신 부분은 무엇일까요?

수정 아빠　　　저희가 학교 방학 같은 때 통지표 갖고 오잖아요? 거기다가 항상 제가 써준 말이 똑같았거든요. 1학년 때부터 3학년 때까지 '선생님한테 드리는 글' 해가지고는 "공부는 못해도 좋으니까는 인성만 바르게 가르쳐달라"고 그 얘기는 항상 썼었습니다, 그 얘기만. 다른 거는, 공부 잘하고 못하는 건 중요한 게 아니니까.

면담자　　　아이 키울 때 바르게 자라는 것이 가장 중요하다고 생각하셨네요?

수정 아빠　　　예. 일단 사람이 돼야 되니까.

면담자　　　수정이가 방송반 하면서 굉장히 즐거워하고 몰두했던 거 같은데, 아버님 교육관에서 본다면 공부보다 자기가 하고 싶은 걸 열심히 하는 딸이 참 대견하고 예쁘게 보였을 거 같아요.

수정 아빠 김종근

수정 아빠   예, 그렇죠.

면담자   수정이가 방송반 하게 된 계기 같은 게 있습니까?

수정 아빠   중학교 때, 아니 초등학교 6학년 때부터서 방송반을 해가지고 쭉 그쪽으로 갔었거든요. 다른 학교를 가고 싶어 했는데 거기는 방송반이 없대요. 단원고는 방송반이 있는데, 조금 자기가 생각했던 학교가 아니었나 봐요. 그래도 초등학교 때부터 방송반을 했었으니까, 하면서 재미있고 하니까는 아예 그쪽으로 진로를 정해놓고 단원고를 들어간 거죠.

10
종교와 정치에 대한 생각

면담자   조금 다른 영역 한두 가지 여쭙겠습니다. 종교는 혹시 있으신지요?

수정 아빠   불교입니다.

면담자   언제부터, 어떤 계기로 불교를 믿게 되셨는지요?

수정 아빠   아, 학교 다닐 때는 무신론자였는데요. 그 큰형님 사고 난 뒤에 목사님이 저희 집에를… 이모님들이 아주 [독실한] 크리스천이라 전화를 해가지고 집에를 가보라 하셨나 봐요. 근데 그때 그 목사님이 하는 얘기를 듣고 '아… 이거는 아니다' 싶더라고요.

그때 진짜 주먹 나갈 뻔했습니다. 어머니한테 한 얘기가 "교회를 안 다니니까 큰아들이 이렇게 됐다". 동생이 안 말렸으면 아마 죽어버렸을 거예요.

면담자　　　사람을 위안하는 게 종교의 중요한 기능인데, 그 목사님은 아픔을 들추고 그걸 무기로 교회를 다니라고 하니 가족 입장에서는 참을 수 없는 분노가 일었겠네요. 그래서 기독교에 부정적인 생각을 갖게 되신 거고요. 불교는 언제 만나셨어요?

수정 아빠　　　그 특별한 계기가 있어서가 아니고, 저희 어렸을 때는 화엄사하고 천안사, 유명한 절이 있거든요, 구례에. 거기 소풍을 그렇게 자주 갔는데, 다른 사람… 다른 친구들은 어떻게 생각했는지 몰라도, 그 일주문 지나가다… 일주문 지나고 사천왕 있는데, 다들 무서워서 거기만 그렇게 빨리 가더라고요. 근데 저는 거기 가면 그렇게 편안했어요. 사천왕 얼굴 다 보면서, 이쪽저쪽 보면서, 그때는 그거를 못 느꼈는데 절에 가면 뭐라 그럴까, 포근하다고 그래야 될까, 마음이 굉장히 차분해지면서 기분이 좋아지는 거예요, 그냥. 왠지 모르게 편안해지고. 그래서 이쪽으로 아예. 그렇다고 제가 뭐 불교에… 독실한 불교신자는 아니고 그냥 사이비입니다. 절 마당에만 가는 마당신도라고 그래야지요, 그런 정도입니다.

면담자　　　초파일이나 기본적인 불교 행사에 꾸준히 참여를 하시는 정도인 거네요?

수정 아빠　　　예.

면담자   안산에서는 어느 사찰을 다니셨어요?

수정 아빠   진덕사, 조금 가다가 요즘에는 거의 못 가고 있죠. 저기… 안산에 와서는 절에를 가본 기억이 별로 없습니다. 서울에 있을 때는 저기 불암산 밑에 자주 갔었는데.

면담자   아무래도 학교 얘기를 좀 해야 하는데, 학교에서 수정이 관련해서 통신문이 온다든지, 어떤 연락 같은 걸 받으신 적이 있는지요?

수정 아빠   그런 거는 받은 적이 없습니다.

면담자   그럼 수정이 진로나 대학 입시 등과 관련해 정보나 이런 것은 뭘 통해서 얻으셨는지요? 어머니가 그런 것을?

수정 아빠   아니… 가정통신문 그거밖에는 다른 건 받은 거 없고요, 예.

면담자   학부모 회의라든지, 같이 활동을 하지는 않으신 거네요?

수정 아빠   예, 그런 거는 못했습니다.

면담자   불가피하게 잠깐 정치 얘기도 할 수밖에 없는데, 단도직입적으로 여당 지지셨습니까, 야당 지지셨습니까?

수정 아빠   지지층은 야당이었는데요, 지금은 여당도 야당도 없습니다. 대한민국의 정치는 다 죽고 없습니다, 지금.

면담자   참사 이전에 투표랄까, 이런 정치에 대한 관심이나 활동과 관련된 경험도 얘기해 주시면 좋을 거 같습니다.

수정 아빠   저는 사고 이전에는 야당 쪽이었거든요. 투표는 한 번도 안 빠지고 다 했습니다. 근데 제가 투표해 가지고 성공한 케이스가 김대중 대통령님하고 노무현 대통령, 두 분밖에 안 계세요, 다 실패했고. 지역 국회의원도 마찬가지더라고요. 제가 찍으면 안 돼요. 그래서 어떨 때는 '반대로 다른 사람을 찍어볼까' 그런 생각도 해봤습니다.

면담자   그 당시에 여당, 그러니까 보수 정당은 왜 지지를 안 하셨는지요?

수정 아빠   그 뉴스 보면 맨 집권당 얘기만 나오잖아요. 안산에 화재가 한번 크게 난 적이 있었어요. 근데 뉴스에 나오는 게, 왜 믿을 수… 뉴스를 못 믿는 이유가, 이 사고 나기 전부터서 저는 못 믿는 게, 분명히 내가 현장에서 본 건데 방송에는 다르게 나오더라고요. 정치권도 마찬가지라고 생각했거든요. 저 사람들이 이런 행동을 하지를 않았는데 방송에는 좋게 포장이 돼서 나오는 거예요. 그니까 '아, 정치가 이게 아닌데' 하고. 근데 집권당 쪽에서는 항상 자기들 유리한 쪽으로만 얘기하잖아요. 뭐 금리가 내려가고, 시민들 체감 물가가 내려가고 어쩌고 하는데, 실질적으로는 그게 아닌데 자꾸 포장을 하니까, 하아… 그런 쪽으로 해서는 영 실망이 많아 가지고 여당 쪽에는 별로 관심이 없었습니다.

면담자　　　정부 활동이 실질적으로 국민들에게 이익이나 행복을 주지 못하는데 언론에서는 "잘하고 있다" 이렇게 얘기한다고 느끼신 거네요. 결국 정치적 행위에 대한 불신이 강하셨고요. 혹시 참사 전에 시민운동 같은 것이 있다는 건 알고 계셨습니까?

수정 아빠　　　예, 그런 운동이 있는 건 알고 있었는데, 솔직히 별로… '아, 저럴 수도 있겠구나'만 생각했지, 제가 참여해 본 적은 없습니다.

면담자　　　지금은 시민운동에 대해 어떻게 생각하고 계세요?

수정 아빠　　　지금은 적극 지지하는 편이죠. 이런 일이 없어야 되겠지마는 혹시라도… 비슷한 사고가 나면 그 사람들한테 어떻게 행동하라고 가르쳐줄 수는 있을 거 같아요. 저희가 당한 거를 보니까는 "이렇게 하면 안 되고, 어느 방향으로 가면은 조금 덜 힘들겠다" 정도는 얘기해 줄 수 있을 거 같습니다.

11
친구·친인척 관계

면담자　　　아버님, 친구 관계는 어떠셨어요?

수정 아빠　　　그냥 뭐 객지 나와서는… 뭐랄까, 하도 사람 속이는 사람들이 많아 가지고 객지 친구는 그렇게 많지 않고, 고향 친구들이죠, 주로 초등학교 동창들. 지금도 안산에서 모임을 하는데, 웬만큼 걸러지고 모이는 게 한 12명 정도 됩니다, 안산에만.

면담자   고향 구례에 여전히 살고 있는 친구들이 있습니까?

수정 아빠   많이 있죠, 예.

면담자   1년에 어느 정도 내려가십니까?

수정 아빠   근데 사고 이후에는 안 내려갔습니다, 아직. 참사 전에는 1년에 한 네 차례 정도는 갔습니다.

면담자   시골 가면 친구들과 반갑게 어울리시고….

수정 아빠   그렇죠, 예.

면담자   참사 후에 친구 관계가 변하셨는지요?

수정 아빠   가장 친하다고 믿었던 친구한테서, 우리가 하는 거 말고… 방송… 지금도 마찬가지예요, 친구들도 그렇지만은 나이 드신 분들도 방송만 믿고 있고, 실질적으로 진실을 알려고 노력을 안 해요. 저도 물론 그렇게 살아왔지만은, 그래도 어느 정도 지금은 인터넷이 발달돼 있으니까 알려고 하면 얼마든지 알 수 있거든요. 근데 방송에서 나오는 것만 보고 아… "니네 얼마 받았다며?"

면담자   아무래도 그런 말이 오가면서 정말 마음을 나눌 수 있는 친구가 누구인지를 알게 됐달까, 그런 변화가 있으셨겠네요?

수정 아빠   많죠, 그런 변화가.

수정 아빠 김종근

면담자   참사 이후에도 쭉 만나고 계시는 친구가 어느 정도 되십니까?

수정 아빠   지금 만나는 친구가 좀 전에 말씀드렸다시피 12명 정도 됩니다. 근데 아이러니하게도 저 친구는 나랑 별로 안 친한 거 같았는데 의외로 그 친구가 굉장히 저거 하고, 쟤는 좀 친하다… 생각했는데 그렇게 얘기하고, 완전히 뒤바뀌는 경우가 있죠.

면담자   아까 인천에서 서울로, 다시 안산으로 오면서 아버님과 수정 어머니가 친척들과 비교적 많은 관계를 맺고 살아오신 걸로 느껴지는데요. 친척들 간에 자주 만나고 그런 관계셨습니까?

수정 아빠   〈비공개〉 사촌들하고는 거의 친형제처럼 연락 주고받고 지금도 그러거든요. 수정 엄마도 저희 작은집이나 고모 쪽하고는 굉장히 친해요, 오히려 친정 쪽보다.

면담자   참사 후에 친척들하고 사이가 좀 벌어졌다든지 그런 일도 좀 있으셨어요?

수정 아빠   아니요. 그거는… 아직은 그런 게 없습니다.

면담자   참으로 다행이네요.

수정 아빠   예.

12

수정이에 대한 기억

면담자   언론 기사 등을 보면 '딸 바보'이셨던데, 수정이하고 관계는 어땠어요?

수정 아빠   수정이는 제가 아들이라고 그랬었거든요, 듬직해 가 [지고], 듬… 제가 제일 좋았어요. 〈비공개〉 체질상 수정이는 듬직하다고 해야 될까. 엄마 일을 그렇게 많이 도와줘 가지고, 쓰레기 분리수거부터… 그런 거는 엄마가 가면 항상 먼저 나섰거든요, 수정이가. 그러니까 "그래, 너는 우리 집 아들 하자" 해가지고, 장난감도 그래서 샌드백 사주고, 저 무선 리모컨 자동차 그런 거 사주고 그랬었거든요, 제가. "너는 우리 집 아들이다" 해가지고 항상 장난도 많이 치고. 제가 수정이하고… 애들하고 장난을 많이 치려고 그러는데… 〈비공개〉 수정이는 그걸 다 받아줘 가지고 이렇게 같이 걸어가다가도 제가 엉덩이 차면 자기도 똑같이 나한테 그러고 해가지고, 수정이하고는 장난을 진짜 많이 치고 그렇게 했었습니다.

면담자   평소 문자나 전화 같은 것도 많이 나누는 편이셨겠네요?

수정 아빠   예, 예. 수정이가 항상 문자 보내고, 지금 막내도 문자는 자주 보내요, 지금도.

면담자   문자 내용은 주로 어떤….

수정 아빠   제가 퇴근 시간이 일정하다 보니까, 한 10분에서 15분 늦어지면 "아빠 어디세요" 하고, 지금도 막내가 보내요.

면담자   수학여행 이야기로 넘어가려고 합니다. 수학여행 출발 전에 준비라든지 이런 건 아무래도 엄마가 많이 하셨겠죠?

수정 아빠   엄마가 챙겨주는 거는 갈아입을 옷, 그런 정도고, 인제 자기가 다 챙겼던 거죠, 미리미리…. 걔는 어디를 간다 하고 목적이나 뭐가 생기면 일주일 전부터 준비를 합니다. 혹시 빠뜨린 건 없는지, 자기가 일차적으로 준비를 해놓고, 그다음에 빠뜨린 거 없는지 검토를 하면서 채워놓고, 그런 식으로 아주 거의 완벽하게 준비하는 편이거든요.

면담자   그러면 수정이가 수학여행 떠나기 전에 꼼꼼하게 여러 가지를 준비하던 모습이 선하게 기억나시겠네요.

수정 아빠   예, 그렇죠. 가기 전부터, 일주일 전부터 캐리어를 열어놓고 닫지를 않아요. 닫아놓으면 생각 안 난다고 그거 펼쳐보고, 목록을 아예 적었더라고요. 가져갈 거 뭐 뭐 해가지고 V표시 해가면서 그렇게 준비를 하더라고요.

면담자   수학여행에 대한 기대감이나 이런 걸 이야기 나눈 적이 있습니까?

수정 아빠   예. 〈비공개〉 무조건 배로 간다고 써가지고, 애들이 이렇게 배로 가게 됐는데, 불꽃놀이가 그렇게 좋다고, 그거를 그렇게 기대를 하면서 갔었거든요.

면담자   아버님 마음속에는 수학여행 가서 즐겁게 지낼 꿈에
부풀어 있던 수정이 모습이 그대로 남아 있을 텐데요, 여행 가기
전에 마지막으로 인사했던 장면을 혹시 기억할 수 있으신지요?

수정 아빠   예. 인제 그날 아침에 캐리어를 끌고 가는데 버스를
타기가 조금 애매하다고…. 차 태워다 달란 말을 전혀 안 했었거든
요, 한 번도. 근데 인제 그날은 "아빠, 혹시 나 좀 실어다 줄 수 있
어?"라고, 친구랑 같이 가야 된다고. 그래서 "당연히 실어다 줘야
지" 그래 가지고 제가 학교 정문까지 수정이를 실어다 줬어요.

면담자   친구랑 같이요?

수정 아빠   예, 예.

면담자   누구였는지는 잘 모르시고?

수정 아빠   이름은 기억 안 나는데, 저희 집 뒤쪽에 사는 친구였
어요. 그렇게 둘 내려주고 신나서 끌고 가는 걸 보고 인제 저는…
출근하는 길인데 다시 집으로 돌아왔거든요, 너무 빨라 가지고. 그
렇게 좋아했었는… 그 모습이 지금도 생생하죠.

면담자   한국 사회에서 정말 성실한 보통사람으로, 또 아이
들 인성을 중시하면서 모범적인 삶을 살아오시고, 그 안에 수정 어
머니, 그리고 수정이, 언니, 동생과 알알이 박혀 있는 아름다운 이
야기들이었습니다. 다음에는 수정이가 당하게 된 그 참사에 대한

이야기, 그리고 팽목항과 진도체육관에서의 일, 그리고 그렇게 평온하게 사시던 아버님이 어떤 삶의 변화를 겪으셨는지, 그런 얘기를 나누겠습니다. 고맙습니다.

수정 아빠   예, 감사합니다.

2회차

2016년 2월 4일

1
시작 인사말

면담자   본 구술증언은 4·16 사건에 대한 참여자들의 경험과 기억을 기록으로 남김으로써 이후 진상 규명 및 역사 기술에 기여하고자 합니다. 지금부터 김종근 씨의 2차 구술증언을 시작하겠습니다. 오늘은 2016년 2월 4일이며, 장소는 안산시 정부합동분향소 내 기억과 약속의 방입니다. 면담자는 김익한이며, 촬영자는 송영랑입니다.

2
참사 직후 상황

면담자   아버님, 오늘은 참사 당일부터 수정이 장례까지 이야기를 나누고자 합니다. 우선 4월 16일, 참사의 사실을 어떻게 알게 되셨는지요?

수정 아빠   같이 일하는 직원이 뉴스에 나왔다고 하더라고요. 단원고 다니는 딸 있는지, 자식이 있는지 물어보길래 처음에는 장난인 줄 알았어요. 근데 핸드폰 보니까는 그게 진짜로 떴더라고요. 근데 조금 있으니까 인제 전원 구조됐다고 방송을 해서, 보도가 나오길래 '아, 구조가 됐는가 보다' 하고 일단은 사무실에 얘기하고 단원고로 갔죠, 전원 구조됐다는 얘기를 듣고. 애기 엄마도 저한테 전화 오고 막 그래 가지고. 제 생각에는 뭐냐면 '다 구조돼 가지고 각자 섬에 분산돼 있다' 그래서. 그때 날씨가 조금 쌀쌀했거든요, 4월 달에도. 그러면 옷가지 좀 챙겨가지고 가서 '한꺼번에 올라오려면 버스로 와야 될 테니, 그 많은 인원이 버스로 올 거니까, 그러지 말고 우리가 가서 데리고 오자' 하는 심정으로 일단은 단원고로 갔습니다, 그 내려가는 버스가 있는지 알아보기 위해서.

근데 그 소식을 듣고 갔는데 뭔가 분위기가 이상해요. 아수라장이더라고요, 저기… 강당 내가[안이]. 그래서 '이게 뭔가 잘못됐구나' 싶어서 그 모니터 화면에 나오는 거 보고 조금 기다리니까, 그때부터서 오후에 저기 희생자가 나오기 시작하는 거예요. 전원 구조됐다고 했는데 뭔가 되게 이상해요. 지금 생각하면 그 사람이 유가족은 아닌데 앞에서 설치는 사람들이 굉장히 많았거든요, 여러 명이 있었어요. 그래서 '저 사람은 누굴까' 인제 물어볼… 서로가 모르니까, 얼굴을 모르는 상태에서 '저 사람은 누굴까' 혼자만 생각하고 있는데, 어떤 사람들 말로는 그래요. "저 사람은 누구 유가족의 삼촌이다." 그래서 그런가 보다 하고 있었죠. 그때 당시에는 대표고 뭐고 그런 개념이 없이 앞에서 목소리 크면 대표 역할을 했었어요.

그래서 그 사람이 "지금 빨리 진도로 가야 된다" 해가지고, 인제 버스를 수배해서 내려갈 사람을 모집한다 하더라고요. 근데 저는 '버스로 가지 말고 조금 더 기다려보자, 오늘 하루만 기다려보자' 해가지고, 강당에 있다가 도저히 안 될 거 같아서 집에 와서 인제 짐 좀 챙겨갖고 새벽에, 다음 날 새벽에 진도로 출발을 했습니다.

면담자   기억에 단원고 강당에 가신 게 대체로 몇 시쯤이었을까요?

수정 아빠   오전 10시 조금 넘었어요, 예.

면담자   그리고 강당에서 버스를 타고 가는 것으로 결정해서 움직이신 건 대충 언제였죠?

수정 아빠   오후 4시 반에서 5시 사이 정도 될 겁니다.

면담자   앞에서 좀 활발하게 움직인 분들이 있었다고 하셨는데, 기억을 되짚어 보면 우선 주로 어떤 이야기, 어떤 행동들이었나요?

수정 아빠   그때는 학교 측에 항의하는 모습도 보였고, 빨리빨리 정보가 교환이 안 되니까, 항의를 많이 하셨었어요. 그래서 거기… 학교 자체에서는 '아, 저분들도 가족인가 보다' 그렇게만 믿고 있었고, 실상을 안 건 [진도]체육관 가서 대충 알게 된 거죠. 거기… 내려가기 전까지는 가족인가 보다 그렇게만 생각한 거죠.

면담자   나중에 아시게 된 사실은 뭐였습니까?

수정 아빠   그러니까는 쉽게 말해서 정치 브로커라는 생각이 드는 게, 왜 그런 생각을 했냐면 하도 많으니까, 나중에는 별사람이 다 오니까 유가족들[이] 따로 학급별로 이름표를 만들었습니다. 하도 자기도 누구다, 누구다 하는 사람들이 많으니까 명찰을 걸게 됐거든요. 몇 학년 몇 반 누구 부모 이름, 인제 그 목걸이를 걸고 나니까 그 사람들이 하나도 없는 거예요. 그렇게 앞에서 설치고 하던 사람들이 그 명찰 하나 단 순간 조용히 어디로 갔는지도 모르게 사라져버린 거예요. 그래서 그때 '아, 저 사람들도 뭔가 우리를…' 그때까지만 해도 그런 생각을 못하고, 지금 생각해 보면 '우리를 이용하려고 왔구나' 그런 생각이 드는 거죠. 당시에는 그 경황이 없어서 모르고 있다가, 나중에 다 수습되고 나서 '아, 그런 역할로 왔었던 사람들이구나' 하는 거를 알게 된 거죠.

면담자　　　예. 단원고 강당에 계시다가 집에 들른 뒤 새벽에 출발을 하셨는데요. 댁에 오실 때 심경은 어떠셨습니까?

수정 아빠　　　처음 희생자가 나왔을 때, 물론 그런 생각을 안 해야 되는 거 맞지만 '혹시 잘못됐을 수도 있겠다' 싶어서 부랴부랴…. 인제 솔직한 얘기로… 제가 무심했다고나 할까요, 수정이한테. 몇 반인지를 몰랐습니다, 2학년 때. 1학년 때는 9반인 걸 알았는데, 2학년 때는 몇 반인지를 몰라가지고 수정이 책상을 막 뒤졌어요. 도대체 얘가 몇 반인지, 근데 몇 반을 써놓은 게 없어요. 그래서 어떻게, 어떻게 하다 보니까 노… 저기 문제집 같은 게 한 장 나오는데 거기에 인제 2반 써져 있어서 2반인 줄을 알고 내려갔던 거죠. 그때까지도 수정이가 2반인지도 모르고 있었습니다.

면담자　　　물론 내려가실 때까지는 '수정이는 틀림없이 살아 있을 것이다' 이렇게 생각하셨던 거죠?

수정 아빠   예. 그때 당시 SNS상에도 생존자 명단에 수정이 이름이 있었으니까요.

면담자   아, 그렇군요.

수정 아빠   그 카톡 보낼 때… 희한한 게 뭐냐면, 수정이 엄마가 보낸… 단원고에서 보낸 거, 전원 구조됐다고, 그 메시지를 저한테 보여줬거든요? 근데 저한테는 보내지 않고 수정 엄마 핸드폰에 있는 걸 제가 봤는데, 진도 내려가 있는 사이에 그게 자동으로 삭제가 돼버린 거예요, 전원 구조됐다는 그 메시지 자체가. 그래서 되게 이상했거든요. 그때는 뭐 그것도 신경 안 쓰고, 인제 한 달 정도 지나서는 얘기할 게 많습니다, 제가. 장례 치르고 난… 한 달 후부터서는 좀 얘기가… 할 게 많습니다.

면담자   예. 그러면은 자차로 새벽에, 2014년 4월 17일 새벽에 진도로 움직이셨는데 그때 누가 동행했나요?

수정 아빠   수정이 언니 ○○이하고 저하고 애기 엄마하고 셋이 내려갔습니다.

면담자   운전 시간이 상당히 길었을 텐데요.

수정 아빠   예. 당시에는 상당히 긴 건데 길다고 느끼지도 못하고, 휴게실도 한 번 안 들르고 그냥 논스톱으로 내려갔거든요. 가다 보니까 제가 중앙선을 넘어서 달리고 있더라고요, 고속도로에서. 그럴 정도로 정신이 없었거든요, 내려가는 중에는.

면담자   내려가는 중에 ○○이나 수정 어머니하고 대화를 나눴다든지 한 게 있었습니까?

수정 아빠   수정이 엄마는 계속 우는 거죠. ○○이, 큰애가 인제 "엄마, 괜찮아. 아직 아무것도 밝혀진 것도 없고, 아직 나온 것도 없으니까 제발 울지 말고 차분히 정신 차려"라고, 그 얘기를 큰애가 많이 하고 내려갔어요, 갈 때까지.

면담자   대단히 불안하셨겠지만 아이들이 정상적으로 배를 타고 수학여행을 갔기 때문에 '설마 학교나 이 나라가 아이들을 살리지 못할 것이다' 이런 생각은 못 하셨죠?

수정 아빠   그거는 전혀 생각지도 안 했죠, 예.

면담자   알겠습니다.

3
진도체육관 상황

면담자   진도에는 몇 시쯤 도착하셨는지 기억나세요?

수정 아빠   9시 조금 안 됐을 겁니다, 아침.

면담자   도착해서 진도체육관에 들어간 상황 등 기억나는 거 모두 말씀해 주시면 감사하겠습니다.

수정 아빠   도착하니까는 천막 다 처져 있고, 그 적십자에서 물품 와 있고, 안에는 인제 책상이 쫙 놓여 있더라고요. 기자들 할 거 없이 막, 그때는 매트리스 같은 것도 없고 그냥 바닥에 다들 앉아서 기다리고 계시는 거예요, 부모님들이. 먼저 버스로 내려가신 분들이 자리를 잡고 계셨던 거죠. 거의 발 디딜 틈이 없었어요, 실내 체육관 안에서는. 근데 어떻게 비집고 들어가다 보니까, 큰애도 단원고를 나왔거든요, 거기 아는 선생님이 "어! 네가 여기 웬일이냐" 그래서 동생이 그렇다고 해서, 그쪽에 조그맣게 자리가 하나 생겨서 거기에 서 있었습니다.

면담자　　아침 9시 이후에 안내나 이런 건 없었는지요?

수정 아빠　　전혀 없었습니다. 안내를… 누구한테 안내를 받고 그런 거는 전혀 없고, 스스로 알아서 가서 물어보고 그랬어야지[그래야 했어요].

면담자　　아까 말씀처럼 그 이후에 부모님들 모시고 명찰을 나눠주고 하는 시기가 있었는데, 그건 대체로 언제였을까요?

수정 아빠　　그다음 날이었을 겁니다. 아니… 그러니까는 18일 날, 17일 저녁인가… 18일 오전인가 그럴 거예요, 아마. 17일 날은 그냥 넘어간 거 같고, 18일로 기억되는데 그때까지도 단원고에서 그렇게 앞에서 나섰던 사람들이 거기서 마이크 잡고 있더라고요. 그래 가지고 그 양반하고 앞에서 브리핑해 주는데, 마이크 잡고 "이러면 안 된다. 뭐 어떻게 해야 된다" 그런 식으로. 그러니까는 선동 비슷하게 그런 얘기를 했는데, 너무 많으니까 반별로 인제 엄마, 아빠만 명찰을 달기로 했었어요. 종이로 써서 그 명찰을 건 거죠. 목에다 걸고 있으니까 그 사람들이 어느 순간 사라지고 없는 거예요. 조금 전까지 그 얘기를 하던 사람… 마이크 잡았던 사람들이 명찰 달고 내려오니까 없어요.

면담자   명찰을 단 후에 반별로 위치도 조금씩 정돈돼서 진도체육관이 조금씩 질서를 잡아갔겠네요.

수정 아빠   근데 먼저 와서 자리 잡고 있는… 반별로 누구누구 엄마라는 건 대충 알았는데 위치는 바뀌지 않았습니다. 왜냐하면 거기 비워버리면 다른 데 갈 공간이 없으니까. 그러니까 모일 때만 강당 그 계단에서 모이고, 원래 있던 자리로 돌아가고 다시 흩어지고, 그런 식으로 반복을 했던 거죠.

면담자   18일 정도까지, 예를 들면 벽에 명단이 붙어 있었다든지, 마이크 잡고 해경에서 무슨 안내를 한다든지 했던 것에 대한 기억은 어떠신지요?

수정 아빠   해경에서는 지금 열심히 노력 중이라고 하고. 근데 저희가 상황을 볼 수가 없어서 TV 모니터를 설치해 달라고 그랬었거든요. 그래서 양쪽에 모니터를… 바로는 안 되고 몇 시간 걸려서 모니터 설치를 해줘서 그 배 뒤집어… 거꾸로 있을 때 그때서부터 보게 된 거거든요. 해경 발표는 뭐 비행기가 몇 대고… 몇 대가 떴고, 잠수사들 오백 몇 명이 가고. 근데 화면에는 전혀 안 나타나요. 그래서 "왜 움직이는 사람이 없냐" 하니까 "CCTV가 너무 멀어서 그렇다"는 거예요. 근데 그중에서도 부모님들이 배를 타고 간 분들이 계세요, 먼저 가신 분들 중에도 있고. 좀 과격하게 나가신 분들은 배를 빌려가지고 사고 현장에 가신 분들이 있는데, 조명탄만 쐈지 움직이는 배는 하나도 없어요, 그분들이 찍어온 영상에는. 그러니까 이게 해경에서 거짓말을 한 거죠. 잠수사가 몇 명이고 뭐 한다는데, 비행기가 뜨고 한다는데, 전혀 그런 게 없었거든요. 조명탄 쏘면 거기만 밝은 거 외에는… 뭐 움직이는 게 하나도 없었으니까요.

면담자　　　진도체육관 현장에 오른쪽, 왼쪽 사이드에 책상을 쭉 놓고 여러 부처 공무원들이 나와 있었을 텐데 그건 언제부터였습니까?

수정 아빠　　　저희가 내려가기 전부터서 기자들하고는 그 책상을 놓고, 준비를 하고… 이미 기자들은 타이핑하면서 그렇게 하고 있더라고요.

면담자　　　현장에서 공무원들에게 무슨 구체적인 도움을 받으신 건?

수정 아빠　　　공무원들을 보고 화가 났을 뿐이지, 도움받은 건 하나도 없습니다.

면담자　　　사실은 거기에 의료 지원이라든지 진도체육관 입구 쪽에 물품 지원이라든지, 이런 것들이 상당히 많았는데 그런 지원은 전혀 받지 않으셨는지…

수정 아빠   아, 그거는, 지원받을 생각도 없었… 인제 적십자에
서 물건은 잔뜩 쌓아놨더라고요, 입구에. 그리고 제가 기억하는 거
는 군부대에서 나오는 군의관들, 그분들만 보이고 이쪽에 약국…
약사님들 계시고, 그거 외에 공무원들이 저거 한 거는 기억에 없습
니다. 군인들만 거기 위생병하고 와 있었고. 그분들은 늦게까지 계
셨거든요, 오래까지.

면담자   18일과 19일, 그러니까 수정이가 올라오기 전 이틀
을 거기서 지내셨는데, 어떻게 밤을 지내셨는지요?

수정 아빠   그때는 기억하기도 싫은데, 혈압이 너무 높아가지고
링거를 꽂고 있어가지고 밖의 상황은 잘 모르고, 인제 애기 엄마가
나가가지고 왔다 갔다 하면서. 제가 못 움직이니까 처남이 왔어요,
부산에서. 그래서 "매형이 이래서 못 움직이니까 네가 좀 해라" 해
가지고, 처남이 그 진도대교까지 걸어가고. 부모님들 많이 걸은 적
이 있었거든요, 산 넘어서 가고 막 그때. 제가 못 가니까 처남이 갔
다 온 거고, 저는 혈압이 너무 높으니까는 계속 링거 맞고 혈압 약
먹고. 이틀을 누워 있다가 도저히 안 되겠어서, 그날따라 인제 수
정이가 나올라 그랬는지, 면도도 세수도 못하고 꼼짝없이 누워만
있었거든요. 그니까 들어가가지고 현장을 보니까는, 제가 쓰러진
기억까지는 없는데 잠깐 동안 기억… 그 순간적으로 기억이 없어
요. 왜 내가 여기 누워 있는지, 보니까 이상해가지고… 링거 꽂혀
서 그 야전침대 위에 누워 있더라고요, 제가. 혈압을 재니까 너무

높은 거예요. "내가 왜 이러냐"니까 그냥 가만히 아무 생각하지 말고 누워만 있으래요. 그래서 바깥 상황은 제가 잘 모릅니다. 체육관 내 상황은 그 짧은 3일 동안 기억하는 거는 그거밖에 없고. 부모님들처럼 진도대교까지 걸어가고, 청와대 가자고 걸어가고 한 거는 제가 기억에 없고, 처남한테 들은 얘기만 있어요.

면담자　　　말씀하신 김에 직접 경험은 아니더라도 당시 들은 얘기 중에 기억나는 건 없으신지요?

수정 아빠　　　부모님들이 인제 욱 하는 게 있잖아요? 지금 정부에서 아무것도 막 안 되고 하니까 "청와대 가자" 그 말 끝나기가 무섭게 체육관 문 열고 나가니까는 이미 바리게이트가 쳐져 있더래요. 그 얘기를 듣고, 애기 엄마도 갔다 다시 들어오고. 그리고 처남이 배 타고 거기 사고 현장을 가자고, "사고 나도 상관없다" 그런 진술서까지 썼는데, 해경이랑 같이 가기로… 네 명이서 같이 가기로 되어 있었는데, 처남만 빼고 사라져버린 거예요, 그 사람들이. 분명히 같이 가자고 앞에서 얘기하고 "누나, 갔다 올게" 하고 돌아서니까 없는 거예요. 그래 가지고 못 갔다고 하더라고요, 저한테.

면담자　　　진도체육관 도착해서는 운전하고 내려가실 때보다 훨씬 더 불길한 생각이 드셨을 것 같습니다.

수정 아빠　　　그때는 인제 아이들이 막 올라올 때니까요.

면담자　　　그때는 어떤 심경이셨습니까?

수정 아빠　아, 우리 수정이도 잘못될 수도 있겠… 그때까지도 살아 있다는 희망을 놓지를 않았으니까요. 왜냐하면 그 "애들 숨 쉴 수 있게 공기를 주입하면 된다" 그런 얘기도 나오고. 근데 그게 공업용 컴프레서인 거를 알고 막 화가 나고 그랬었거든요, 부모님들도 화를 내고. "그게 말이 되는 거냐" 부모님들이 얘기를 하는 거예요, 이 바깥… 인제 팽목항에서 전화로 전해오는 소식들이…. 해수부가 브리핑하면 "그게 아니지 않냐" 하면서 계속 싸우는 거죠, "왜 거짓말 하는 거냐"며. 도저히 안 되겠어서 이튿날은 제가 털고 [일어나] 팽목항을 셋이서 갔습니다. 갔더니 보통이 아니더라고요. 지금 가서 보면 굉장히 넓은 도로인데 차들로 다 막혀가지고, 취재 차량이며 뭐며 아예…. 우리는 사이사이 비집고 간신히 그 배 닿는 데까지 갔는데, 저희가 가도 비켜주지도 않고 뭐 얘기 들어줄 사람도 없고. 근데 그날이 대통령 온다 한 날이었거든요, 우리가 비 맞고 거기서 기다리는데 애기 엄마가 그 애들 나오는 데를 가려고 그래서… 차마 제가 그거는 못 보여주겠어서 막고 있느라고 저도 거기는 보지는 못했는데, '도저히 안 되겠다. 여기 있다가는 이 사람도 쓰러지게 생겼다' 싶어서 다시 체육관으로 올라왔더니, 청와대에서 온다고 그 좁아터진 길이 쫘악 다 열려 있더라고요, 그 구급차도 못 지나갈 정도로 빡빡하게 있던 게. 그 사람이 그렇게 대단한 사람인지 몰랐습니다.

4
대통령 방문

면담자　　그러면 진도체육관에서 대통령 방문을 실제로 보셨겠습니다.

수정 아빠　　예. 봤습니다.

면담자　　그때 상황도 말씀을 해주시죠.

수정 아빠　　그때도 [대통령은] 진도체육관은 방문을 안 하려고 그랬습니다. 팽목항만 들르고 바로 가려는 거를 인제 부모님들이 "그래도 체육관에 가서 해명을 해줘야 될 거 아니냐", "누구를 처벌을 하고… 처벌을 원하는 게 아니고, 어떻게 구조를 할 것이며 그런 얘기는 해주고 가라" 그래 가지고 마지못해 온 거였거든요, 체육관에는. 근데 거기서도 횡설수설하고 뭐, 거기서 한 얘기가 그거였습니다. "책임질 사람들은 모조리 책임지고, 책임을 못 지면 다 옷을 벗겨서라도 해결을 한다"고 하고 갔거든요. 근데 지금까지도 해결된 게 하나도 없습니다. 약속한 거… 이행된 게 하나도 없어요.

면담자　　그때 대통령이 연단에 섰을 때, 가족 대표의 발언이라든지 누가 연단에 올라갔었는지 그런 건 기억나시는지요?

수정 아빠　　그때는 하도 어수선해가지고요, 누군지는 모르겠고. 그분도 유가족일 텐데 누군지는 모르겠어요. 근데 단원고에서부터 마이크 잡던 사람들은 아니었어요. 지금 기억나는 게 영상으로…

저기 회의실에서 잠깐 보니까 유민 아빠는 기억이 나요. 마이크 잡고, 그때는 막 저희도 쌍소리 나오고 그럴 때거든요, 예. 그것만 기억이 납니다. 유민 아빠는 밑에서 했지 마이크 잡고 하신 분은 아니거든요. 올라간 사람들은 있는데 그분들이 누군지는 잘 기억이 안 납니다.

면담자   막강한 권한을 가진 대통령이 진도체육관에 왔다는 것은 많은 것이 해결될 수 있다는 기대로 이어졌을 텐데, 그때 어떤 마음이셨어요?

수정 아빠   예, 기대가 많았죠. 왜냐하면 대한민국의 그래도 통수권자인데, 그 말 한마디면 모든 게 해결되지 않습니까, 밑에서는…. 해경들이 하는 얘기는 그거…… 계속 그 얘기였거든요, "지금 윗선에서 명령이 없으니까, 저희도 어떻게 할 수 없다". 그런 상황에 대통령이 왔으니까, 명색이 한 나라의 대통령인데 말 한마디면 모든 게 해결될 줄 알았거든요. 또 거기서는 다 얘기를 하더라고요, "부모님들 가슴에 한이 없게 하겠다" 어쩐다 얘기는 해놓고 갔는데 막상 해결된 게 하나도 없어요. 바뀐 거 하나도 없고…….

면담자   한국 사회에서는 대통령에 대한 국민들의 인식이 다른 나라에 비해 능력이나 위치를 크고 높이 보는 경향이 있습니다. 진도를 방문한 대통령에게서 어떤 권한이나 능력을 느끼셨는지요?

수정 아빠   그때는 저희도 구조함이 있다는 거는 알았어요, 나중에 그게 통영함이라는 거를 알았는데. 구조함이 분명히 대기하고 있다는 걸 알았으니까 명령 한마디면 그 구조함이 뜰 수 있을 거란 생각을 갖고, 그 명령을 내려주기를 기다렸거든요, 틀림없이 구조해 준다고 했으니까. 근데 나중에 보니까 그게 아니고 오히려 막았더라고요. 통영함 출항을 두 번씩이나 막았더라고요. 누가 막았는지는 아직도 모르겠지만… 밝혀야 될 일이지만은.

면담자　　　지금은 대통령에 대해서 어떻게 생각하십니까?

수정 아빠　　　허… 대통령으로 인정도 하기 싫습니다. 저런 대통령이라면 동네 아저씨 데려다 놔도 충분히 가능하거든요. 있으나 마나 한 존재는 있을 필요도 없을 거 같아요.

면담자　　　그렇다면 대통령이 강한 권한을 가지고 문제를 해결하는 게 옳다고 보시는지, 아니면 시간이 걸려도 민주적으로 푸는 것이 옳다고 보시는지요?

수정 아빠　　　저는 당시에 대통령 권한이 그렇게 좁다고는 생각을 안 했습니다. 다만 이게 소통의 문제… 지금도 저 정치권에서 하는 얘기가 소통의 문제이지만, 체계가 없고 괜히 사고대책반만 여기 하나 저기 하나… 그 대책반만 만들었지 서로가 서로를 모르는 거예요. 무엇을 어떻게 해야 되는지도 모르고, 그런 우왕좌왕하는 게 그게 불만이었던 거죠. 누가 추진하는 사람도 없고 나서는 사람도 없고. 그리고 우리나라는 아직까지도 이거를 자기 주관대로 밀고 나가는 사람이 없다고 생각해요, 왜냐하면 나중에 책임지기 싫으니까. 해야 되는 거는 알지만 안 하는 거죠, 나중에 문제 되면 그

책임에서 벗어나고 싶어서. 그게 가장 큰 문제라고 생각합니다, 저는.

5
수정이를 만난 이후 상황

면담자　　　수정이가 20일 바다에서 올라왔는데요. 그 이전 상황에서 한국 사회나 정부의 문제는 어떤 것이었나요?

수정 아빠　　　정부의 문제는, 모든 게 하나같이 다 문제가 있었죠. 명령체계에서부터… 지금 흔히들 얘기하는 컨트롤타워, 그거 자체가 없었으니까. 어디서 종합적으로 "어떻게, 어떻게 해라" 명령을 내려줄 기관이 전혀 없었던 거죠. 해경은 해경대로 우왕좌왕하지, 해군은 해군대로 그러지, 119 구급대원들은 아예 옆에를 못 갔으니까요.

면담자　　　수정이가 올라왔다는 소식은 어떻게 들으셨는지요?

수정 아빠　　　그날 20일 날 아침이었을 겁니다. 큰애가, 모니터에 희생자… 대충 인적 사항이 뜨거든요, 그걸 보고 "저거 수정이 아닌가" 그런 얘기를… 수정이일 거 같다는… 자기 생각에는 수정이일 거 같다고 그러더라고요. 근데 그 방송 나오기 전에 제가 누워 있다가 기분이 이상해서…. 제가 며칠 면도를 못하니까, 거울 보니까 거의 산적 같더라고요. 밥은 한 끼도 못 먹고, 3일 동안 먹은 것도 없고 하니까 '이래선 안 되겠다. 수정이한테 보일 때 깨끗한 아빠로 모습을 보여야 되겠다' 싶어서, 그날따라… 거기 가서 면도기 하고 세면도구 좀 챙겨가지고 면도를 했어요. 그러고 나서 막 돌아서 와서 자리에 앉았는데 큰애가 그러더라고요, "저기 수정이 인적 사항 나온 거 같다"고. 그래서 전화를 해봤죠. 선생님… 단원고 선생님 통해서 팽목항에 연락을 해봤어요. "그 혹시 오른쪽 발바닥에 검은 점이 큰 게 있는데, 우리 애기는 큰 점이 있는데, 그게 있냐?" 그니까 맞대요. 그래서 그러면은 우리가 팽목항으로… 막 태어났을 때부터 수정이 오른쪽 발바닥에 까만 점이 있었거든요. '누가 매직을 칠해 놨나' 그런 생각을 하고 봤는데 점이더라고요, 막 낳았을 때. 수정이 오른쪽 발바닥에 검은 점이… 인제 커가면서 점도 같이 커지는 거죠. 이렇게 서 있으면 모르죠, 어디에 있는지. 근데 수정이 발바닥에… 오른쪽 발바닥에 점이 있으니까 그것 좀 확인해 달라니까 맞다고 그러더라고요.

옷은 뭘 갖고 갔는지를 모르니까, 청바지에 뭐 입고 있다고 써져 있는데 그거는 모르겠고, 인제 언니는 챙겨줬으니까 알잖아요. 그래서 언니가 아무래도 수정이 인적 사항 같다고 그래서 선생님 통해서 전화하니까, "오른쪽 발바닥에 점이 있냐" 그러니까는 맞다고 그러더라고요. 그래서 수정이인 거는 거기서 대충 확인을 했고, 그러면 "저희가 팽목항으로 가야 하느냐, 아니면 이쪽 체육관으로 올 거냐" 하니까는, 광주 무슨… 아니, 목포 무슨 병원으로 갈 거래요. 얼마나 걸리냐니까 1시간이 조금 넘게 걸린다고 그러더라고요. 그러면 우리가 그 병원으로 가 있겠다고… 해서 먼저 출발을 했거든요.

　차를 끌고 가가지고 병원에서 기다렸는데, 그때 출발한다는 게 10시 30분 정도 됐을… 그 연락을 받았어요, 지금 출발한다고. 근데 오후 4시가 돼도 안 들어오는 거예요. 저희는 1시간 가까이 달려가서 먼저 기다리고 있는데도 안 와요. 그래서 다시 그쪽, 해경 쪽으로 전화를 해봤어요. "출발했다는데 어떻게 된 거냐. 왜 안 오냐" 그러니까 구급차에 묶을 수가 없으니까, 그냥 얹어서 오니까 천천히 와서 그런대요. "그래도 너무 늦는 거 아니냐, 지금쯤이면 도착할 때가 됐는데 안 왔다"고 하니까 그 사람들도 알아본 거예요. 근데 저희는 이쪽 병원에 있었는데 거기는 다른 병원으로 간 거죠. 그니까 여기서 가는 시간하고 거기서 또 이 병원 오는 시간, 그게 굉장히 오래 걸려가지고 7시, 8시 다 돼서 목포 그 병원에 왔더라고요. 병원 이름도 갑자기 생각이 안 나는데.

면담자　　혹시 한국병원이었습니까?

수정 아빠　　아니요. 한국병원이 아니고… 병원이 두 군데였는데 저희가 기다리는 병원은… 병원 이름은 잘 기억이 안 나는데요. 그니까 저희는 처음에 간다는 병원서 기다렸고 구급대는 다른 병원을 들렀다가 다시 오느라고 그렇게 늦었던 거죠. 근데 거기서도 한참을 기다렸는데 구급차가 안 들어오는 거예요. 말로는 "기다리면 된다"고 하면서. 한참을 있으니까 구급차 한 대가 들어오는데, 그 감이라는 게 '저 차는 아닌 거 같다' 하면 확실히 아니에요. 근데

7시, 8시쯤 되니까 차가 한 대 들어오는데 '저거 같다' 느낌에. 그래 가지고 구급차 들어오기도 전에 영안실로 먼저 내려갔어요, 저희가. 가니까 거기 들어오면 안 된다고 그러더라고요. 인제 방에서 기다리면 나중에 불러준대요. 거기서 또 한참을 기다렸고. 그래 가지고 뒤에 수정이가 맞다고 해서 내려가니까 검안실 문을… 인제 열고 닫는 저 미닫이문인데, 하필 앞에 대기하는 데가 문 바로 앞이었거든요, 수정 엄마가 앉아 있는 데가. 근데……(눈물).

면담자   그럼 수정이를 만난 시간이 20일 저녁 9시?

수정 아빠   9시가 넘었죠.

면담자   밤 9시가 돼서야 검안실에서 수정이를 만나신 거네요?

수정 아빠   예.

면담자   그때 검안실에는 누구누구가 내려가셨습니까?

수정 아빠   셋 다 내려갔죠, 수정이 언니하고 저하고.

면담자   ○○이까지 검안실에 같이 들어간 거네요?

수정 아빠   예. 그 문틈으로 보이는데…… 고개를 또 엄마 쪽으로 보고 있더라고요……(눈물).

면담자   그때는 아이들이 많이 올라왔을 때는 아니라서….

수정 아빠   아, 그날은 조금 많이 왔어요.

면담자　　　아, 그럼 검안실에 수정이 말고 다른 아이도?

수정 아빠　　　세 명이 있었거든요. 수정이가 맨… 그러니까 지금 보기에 오른쪽, 중간에 남학생 둘… 그러니까 수정이가 맨 문가 쪽이었는데, 고개를 그쪽으로 있으니까 검시관들이 들락날락할 때마다 보이는 거예요.

면담자　　　바깥에서 계속 기다리다 검시관이 들어가서 확인을 하자고 그랬겠네요?

수정 아빠　　　그래 가지고 인제 확인하고. 수정이 차고 있던 시계, 발바닥의 점, 운동화 확인하니까 수정이가 맞더라고요. 수정이, 그 하얀 보자기로 싸놓은 게 42번이거든요. 그게 다 올라와서까지 그 번호가 있다는 것도 몰랐었습니다. 구급차 타고… 같이 타고 왔는데…….

면담자　　　검안실에서 수정이를 확인하고 어떠셨습니까, 손을 잡아본다든지….

수정 아빠　　　그렇죠. 얼굴도 비벼보고……. 근데 하도 믿을 데가 없어가지고, 거기서도 안산 어느 병원으로 가면 된대요. 인제 영안… 어느 병원 장례식장이라고 가르쳐주더라고요. 그래서 "그 병원… 그 영안실 확실히 맞냐"고 세 번을 물어봤거든요? 그러니까 확실히 맞대요. 그래서 구급차를 타고 새벽… 그때가 4시 조금 넘었을 때 도착을 했는데, 그 병원으로 가니까 그 받은 저거가 없대요. 안치할 자리가 없으니까 6시까지 기다려야 된다고 하더라고요. 구급대원들이 "우리는 분명히 자리가 있다고 해서 여기를 왔는데 무슨 소리냐".

근데 공무원들… 그 병원 영안실 관계자들… 장례식장 사람들은 "자리가 없으니까 먼저 온 사람 나가면 그때 냉동실에 안치를 한다"고, 그래 얘기를 했… "그 2시간 동안 어디서 있냐"고 막 거기서 제가 욕을 하고 하면서, 공무원들한테… 공무원들도 솔직히 뭔 죄가 있겠습니까마는 하도 화가 나니까 그 얘기를 했거든요. 근데 자기네들은 미리 연락을 받고, 애들 사진하고 그런 거는 미리 준비가 되어 있더만요, 가니까. 근데 수정이 꺼는 아예 없고. 인제 구급대원들은 저 바닥에 내려놓은 거죠, 애를. "여기는 없으니까 난 2시간 못 기다리겠다. 지금 빨리 다른 병원을 수배를 하든지 해서 애기가 움직일 데를 해줘라" 그러니까 잠깐만 기다려 보래요. "기다리는 거는 내[가]… 잠깐만 기다린다, 아니면 당신네들 다, 다 가만 안 둔다"고 얘기하니까 상록수역 세화병원에 한 자리가 있대요. 그래서 "그러면 당장 그리 가자"고. 구급대 아저씨들이 "그러면 저희가 아직 안 내려가니까 수정이를 데리고 거기까지는 옮겨준다" 하더라고요. 거기 가니까 이미 수정이 사진하고 제단이 마련되어 있는 거예요. 그러니까 처음서부터 잘못… 목포에서부터 잘못 왔다 갔다 하고, 여기 올라와서까지 왔다 갔다 하니까, 되게 고생을 시킨 게 돼버렸죠.

면담자　　　목포에서 안산으로 올라올 때 수정이와 가족들은 다

119차를 타고 오신 거예요?

수정 아빠   아, 엄마하고 저만 119 차를 타고 왔고요. 수정이 외삼촌하고 ○○이는, 안산에서 자원봉사로 가신 택시기사님들이 계세요, 그분들이…. 둘은 택시 타고 오고, 저하고 엄마는 구급차 타고 같이 오고.

면담자   그러면 가운데 수정이를 눕혀두고 엄마, 아빠는….

수정 아빠   수정이 여기 눕혀놓고 엄마, 아빠 여기 앉아서 인제 계속 마주보고 왔죠…….

면담자   그러고 안산까지 4, 5시간을 오신 거네요. 아까 구급차에서 수정이를 땅바닥에 내려놨다는 말씀이 있으셨는데….

수정 아빠   예. 처음 간 병원에서, 구급대원들은 또 빨리 움직여야 될 거 아닙니까? 다른 친구들도… 다른 애들도 올려야 되니까…. 그래서 다 풀어헤처 놨더라고요, 그 바닥에 내려놓고. 거기서 세화병원 쪽으로 가는 순간에 42번이라는 그 번호를 확인을 한 거예요. 그래서 이게 뭐냐니까 수정이가 42번째로 올라온 학생이라고.

6
수정이의 장례

면담자   그러면 세화병원에 도착하셔서 조문객도 받고 이런 상황이었겠습니다.

수정 아빠   예. 거기 제일 안쪽에 수정이 자리가 있었는데, 우리
가 다른 병원에서 헤매다 보니까 다른 가족이 들어간 거고, 저희는
이쪽… 바깥쪽으로 밀려난 거죠. 근데 거기에는 이미 수정이 사진
하고 제단[을] 다 마련해 놨더라고요. 지금도 공무원들을 안 믿는
게 그겁니다, 행정적 착오가 보통 심한 게 아니에요.

면담자   장례식장에서는 친지 분들에게 연락도 하고 그랬을
텐데….

수정 아빠   아니, 연락은 제가 따로 안 한 게… 워낙 사건이 크
다 보니까 시골에 계신 할아버지도 알게 돼가지고. 따로 연락한 분
은 없고요, 일단 거기 있는 친구들이 제일 먼저 왔습니다.

면담자   구례에서 같이 자란 친구들?

수정 아빠   예, 고향 친구들.

면담자   장례식장에서 많이 생각났던 건 어떤 것이었습니까?

수정 아빠   인제 친척들이 와서 위로하는 게, 그게 영… 그렇게
싫더라고요, 저는.

면담자   보통 뭐라고 위로들을 하셨습니까?

수정 아빠   그냥 평상적으로 부모상 당했을 때나 하는 말, 그런
비슷한 거죠.

면담자   서운하다 하신 건 어떤 심경에서였는지요?

수정 아빠   당시에는 솔직한 얘기로 아무 말 하지 말고 그냥 있
으면… 옆에만 있었으면 좋겠는데, 꼭 쫓아다니면서 말을 거는 사
람들이 있거든요. 친구도 술 먹고 그러길래, 오죽했으면 제가 경찰
관 불렀습니다, 저 새끼 좀 내보내라고. 자기 딴에는 위로한다고
한 건데…….

면담자   수정이가 장례식장에 안정적으로 자리할 때까지, 과
정 자체가 너무 힘이 드셔서 정부나 공무원, 좀 더 넓히면 이 한국
사회에 살고 있는 사람들에 대한 원망이 상당하셨을 거 같아요.

수정 아빠   예, 솔직히 그렇습니다. 근데 수정이가 병원에 안치
되고 다음 날 바로 옆 칸에서 애가 바뀌어가지고 다시 진도로 내려
가신 분이 계셔가지고요. 우리가 고생한 거는 그분들한테 대니까
아무것도 아니더라고요. 가운데, 수정이 이쪽에 있던 친구가 바뀐
거예요. 그… 다음부터서는 우리 애기 이렇게 바뀌고 어쩌고 그런
얘기를 차마 못했어요, 다시 진도 내려가시고 그런 거를 옆에서 봤
기 때문에 차마……. 또 초창기에는 우리 애기 빨리 올라온 거, 수
정이 빨리 올라온 것도 미안해가지고 얘기 못했거든요.

면담자   장례식장에서 장지를 결정하고, 옮기고 했을 텐데
요. 그때 상황에 대해 기억을 되살려주시면 ….

수정 아빠   그때는 어디에 무슨 추모공원이 있고 그런 거를, 정

보가 전혀 없었으니까요. 준비도 못한 상태에서 조카가 인제 "효원이라는 추모공원[이] 있다"고, "가까운 화성에 있다"고. 그 병원하고 연계된 데라 하더라고요. 그래서 생각에 조금 먼 거 같기도 하고, "더 가까운 데는 없냐"니까 하늘… 공원, 여기 안산에 하늘공원이 있다 하더라고요. 근데 아무리 생각해봐도 하늘공원은 수정이 엄마가 저녁마다 갈 거 같아서 그러면 아예 조금 가기 힘든 데… 혼자 가기 힘든 데를 결정하다 보니까 효원으로 가게 됐거든요.

면담자   아버님이 최종 결정하셨습니까?

수정 아빠   예, 제가 했습니다.

면담자   효원에 수정이가 안치될 때까지의 상황도 좀….

수정 아빠   그니까 인제 이틀째 되는 날, 병원으로부터 유골함이 왔더라고요, 수정이 이름이 써져가지고. 근데 그거를 차마 수정이 엄마를 못 보여줬어요. 그거를 안 보여준 상태에서… 인제 저 수원 연화장으로 갔거든요. 거기서… 거기도 하도 많으니까 대기를 하고 있었거든요. 1시간 정도 대기하고 있는데 인제 수정이가 들어가는 거를 조그마한……(눈물).

면담자   그러면 연화장에는 아버님 혼자?

수정 아빠   아니요, 다 갔습니다.

면담자   가기는 다 가시고 화장하는 과정은 아버님 혼자 보신 거네요?

수정 아빠   예. 들어가는 거 저는 봤는데 애기 엄마는 못 보여주겠더라고요.

면담자   예. 화장이 끝나고 수정이 유골을 아까 얘기한 효원으로 데리고 가셨고요.

수정 아빠   예. 근데 거기서 화장해 가지고 나왔을 때 분골을 할건지 그냥 갈 건지를 또 결정하라고 하더라고요. 인제 그, 저는 분골을 시켰거든요. 근데 그 소리가… 어후……(눈물).

면담자   화장장에서 기다린 시간도 1시간이 넘었는데….

수정 아빠   예, 화장하는 시간은 한 40분 정도.

면담자   분골까지 상당히 많은 시간이 소요됐겠습니다. 몇시 정도에 효원으로 움직이셨는지요?

수정 아빠   효원 가니까 12시가 조금 넘었더라고요. 연화장에서 연락을 하니까 거기서는 미리 준비를 하고 있다가, 거기 미리 와있는 친구들도 있고, 계속… 많이 기다리지는 않았는데, 먼저 화장해서 들어간 친구도 있고 그러다 보니까 입구에서 기다리는 시간이 조금 있었거든요, 그 로비에서. 인제 거기서 유골함 놓고 위치… 위치를 또 어디다 할 건지… 근데 단원고 학생들이 가장 많은 층이 3층에 K방이거든요. 그래서 '우리도 거기로 가자' 해가지고 지금 3층 K방에다 수정이 같이 넣어놨습니다.

면담자   효원에서 마지막… 마지막은 물론 아닙니다만, 안

치된 수정이와 나눈 대화랄까, 집으로 오시기 전 기억을 되살려 보시죠.

수정 아빠   크게 기억나는 건 없고 수정 엄마가 너무 많이 우는 사람이라, 그 [사람] 달래느라고 수정이하고는 얘기는 많이 못하고요. 하여튼 애기 엄마 달래는 게 일이었습니다, 거기서는. 일단은 떼어놓고 와야 되는데, 그게 제일 힘들었죠.

면담자   바로 댁으로 돌아오셨고요?

수정 아빠   예. 일단 집에 와가지고 그다음 날부터서 하루도 안 빠지고 6개월을 효원을 갔거든요. 지금도 효원에 가면 직원들이 인사를 할 정도입니다.

7
수정이 49재

면담자   우리 구술이 아이를 구체적으로 떠올려야 되는 과정이라서 면담자로서 너무 죄송합니다. 다만 회상이 아버님께도 수정이를 조금 더 가까이서 만나는 그런 시간이었기를 바라봅니다. 수정이를 진도에서 찾아서 장례를 지내는 과정에 대해 말씀을 해주셨는데요, 진도에서의 일도 좋고 아버님 생각도 좋고, 하시고 싶은 말씀을 마지막으로 해주시면 좋겠습니다.

수정 아빠　진도에서는 화나는 일밖에 없으니까 뭐 더 말씀드릴
거는 없고, 잘 아시겠지만 진도에서는 별로 좋은 기억은 하나도 없
으니까요. 지금도 생각하면 막 화가 올라오니까 진도 얘기는 하기
도 싫습니다…. 수정이한테 하루에 한 번씩 안 가면 미칠 거 같았
었는데, 지금은 인제 큰애한테 들은 얘기가 있거든요. 수정이 엄마
에게, 저는 "인제 그만하라고……", 그만하라기보다는 "조금만 자
제하라"고 그런 얘기를 했는데 가기만 하면 그렇게 붙들고 우니까
큰애가 딱 한마디 한 게, 그게 결정적으로 수정 엄마를 바꾸게 된
거죠, "우리는 자식 아니냐"고……(눈물).

면담자　아마 ○○이는 엄마가 너무 슬퍼하니까 그런 얘기
를 하지 않았을까 싶은데요. 발인 마치고 수정이 물건이라든지 방
이라든지 그런 것은 어떻게 하셨습니까?

수정 아빠　아, 수정이 물건은 처음 3개월 동안 아예 손도 안 대
고 그대로 다 놔뒀었거든요. 조금 어질러진 것만 정리하고, 필요 없
던… 교과서 같은 거는 한쪽에 모아놓고, 지금도 책상이나 그대로
다 있습니다. 쓰던 물건 그대로, 어렸을 때 갖고 놀던 장난감까지
그대로 다 놔뒀거든요. 애가 어려서부터 자기 물건 버리는 거를 굉
장히 싫어했어요. 약국에서 약을 사 먹고 자기 이름 써져 있으면 그
거를 떼가지고 책갈피에 넣어서 책상 속에 넣어놓고, 그런 애기였
거든요. 그러니까 지금도 수정이가 쓰던 거는 버린 게 거의 없어요.

면담자　수정이 기억이 집안에 그대로 남아 있겠습니다.

수정 아빠　　　예. 아예 그 방 자체는 문도 안 닫히게 제가 책상으로 막아놨거든요, 항상 열려 있게. 그리고 지금도 불을 켜놓고 있습니다, 1년 12달.

면담자　　　수정이 방에 사진 등도 있을 텐데, 자주 대화를 하시는지요?

수정 아빠　　　아침에 출근할 때 새벽에 나가면서 얘기하고, 갔다 와서 얘기하고 그러죠. 새벽에 출근할 때 불이 켜져 있으니까, 거기서 인제 사진 쓰다듬으면서 얘기하고, "지금 출발한다. 같이 가자" 했다가 퇴근하고 와서는 "인제 다 왔다"고.

면담자　　　49재는 지내셨는지요?

수정 아빠　　　예, 효원에서. 거기 제단이 있거든요, 거기서 같이 했습니다.

면담자　　　그럼 49재 때 기억도 있으실 거 같은데.

수정 아빠　　　49재 제사는 거기 효원에서 지내고, 인제 망자가 가져갈 옷가지를 좀 태우지 않습니까? 그거는 절에 가서 소각시켜줬거든요, 수정이 물건을. 조그마한 암자에 가서.

면담자　　　안산에 있는….

수정 아빠　　　아니요, 저기 안양 수리산 안쪽에. 지금도 어떻게 거기를… 처형 때문에 가긴 갔는데 어딘지는 모르겠습니다. 지금도 기억은 안 나는데, 산속인 것만 기억나고. 무슨 움막 같은 거에서 저거를 해준 기억만 나는데, 지금은 가라고 해도 못 찾아갈 거 같습니다.

면담자   그때도 가족들이 다 같이….

수정 아빠   예. 지금도 그러지마는 수정이에 대해서 어디를 가야 된다 하면 수정이 엄마가 우리 식구를 다 데려가니까요. 수정이한테 가는 거라든지 수정이 일이 있으면 모든 식구가 다 움직입니다.

면담자   옷가지 태우면서 뭘 비셨나요?

수정 아빠   일단 갖고 간 물건이 없으니까 따뜻하게라도 입으라고 계절별로 옷을 다 해줬고요. 신발 그런 것 태워주면서 좋은 데 가라고 했죠, 얼마나 좋은 세상이 있을지는 몰라도.

면담자   아버님, 오늘 어렵고 힘든 시간이었을 텐데 차분하게 말씀 주셔서 감사드립니다. 아버님이 수정이를 어떻게 하늘로 보냈는지를 들었는데, 다음에는 이후 아버님 삶의 변화에 대해 말씀을 듣겠습니다. 정말 감사드립니다.

수정 아빠   예, 감사합니다.

3회차

2016년 2월 11일

1
시작 인사말

면담자　　　　본 구술증언은 4·16 사건에 대한 참여자들의 경험과 기억을 기록으로 남김으로써 이후 진상 규명 및 역사 기술에 기여하고자 합니다. 지금부터 김종근 씨와 3차 구술을 시작하겠습니다. 오늘은 2016년 2월 11일이며, 장소는 안산시 정부합동분향소 내 불교방입니다. 면담자는 김익한이며, 촬영자는 송영랑입니다.

2
2년 동안의 일들

면담자　　　　얼마 후면 벌써 참사가 일어나고 2년이네요. 우선 수정이[를] 안산으로 데려온 다음부터 오늘까지 강하게 남아 있는 기억, 혹은 인상에 남는 일화에 대해 말씀 부탁드립니다.

수정 아빠　　　특별히 이렇게 기억에 확 뚜렷하게 남는 건 없네요, 그냥 평범하게 살아왔으니까.

면담자　　　　참사 일어난 2014년 국회 농성이라든지, 또 서글픈 얘기입니다만, 특별법 시행령 발표됐을 때는 일부 가족들 삭발하신 상태에서 수정이 영정사진 들고 광화문 도보 행진도 하셨고, 사실은 엄청난 투쟁을 거의 2년 동안 해오셨거든요. 그런 경험 중에서 더 기억에 남는 것을 한 가지 꼽는다면 무엇일까요?

수정 아빠   기억에 남는다기보다 제일 힘들었던 게 처음 광화문 행진했을 때, 첫날은 광명까지 가서 1박 하고 다음 날 국회를 들어가는 거였거든요. 근데 첫날은 제가 같이 하지 못했습니다. 허리가 너무 아파가지고, 디스크가 도져가지고. 그때는 거의 걷지도 못한 상태에서 한의원에서 침 맞고 그다음 날 아침에 광명으로 가서 거기에서부터 국회까지 걸어갔던 거죠. 그때가 제일 힘들었던 거 같습니다.

면담자   그때 도보 행진을 할 때 시민들이 나와서 응원을 한다든지 그런 광경도 있었습니까?

수정 아빠   그 행진 대열이 끝이 안 보일 정도로 그렇게 많았었거든요. 저희는 처음에 유가족들 가면 시민들이 옆에서 그냥 응원해 주고 피켓 들고, 그렇게만 생각했었는데 그분들이 같이 걸어가시는 거예요. 광명에서… 안산에서부터 같이 걸어가시는 분들도 계시고, 광명 지나서 마포대교 쪽인가, 그 한강 건너갈 때는 오르막길에서 뒤돌아보니까 끝이 안 보이더라고요. 그때 진짜 놀랐습니다.

면담자   놀라셨다는 것은?

수정 아빠   '아… 이 아픔이 우리만의 문제가 아니구나' 하는 걸 느껴가지고. 아, 저분들은… 솔직한 얘기로 직접적인 피해자는 아니잖아요? 그런데도 같이 아파해 주시고, 다른 말 필요 없이 그저

손만 잡아주는 게 그렇게 고맙더라고요, 그때는. 지금도 물론 고맙고, 그 시민 분들이 같이해주셨기 때문에 지금까지 버티고 있는 거 같기도 합니다.

3
참사 전후 생각의 변화

면담자　　　우리 일반인들은 가족들 챙기는 것만도 참 어려워서, 사회적인 문제 해결에 나서거나 불행을 당한 이들의 손을 잡아주는 경우가 많지 않습니다. 그런 점에서 4·16 참사 이전에 사회참여에 대한 생각과 이후의 생각에는 변화도 있을 것 같습니다.

수정 아빠　　　완전히 바뀐 거죠. 사고 나기 전에는 그냥 뉴스에서 보고 '아… 저런 경우도 있구나' 그렇게만 생각했다가, 인제 모든 거가, 하나하나가 새록새록 기억이 나는 거예요. 밀양 사건도 그렇고, 제주도 해군기지도 그렇고, 쌍용차 문제, 뭐 모든 게 다 보이는 거예요. 당시에는 아무 생각 없이 그런가 보다 뉴스만 보고 넘어갔었는데, 인제 그분들의 아픔이 같이 느껴지는 거죠. '아, 저분들도 우리 못지않게 힘들게 사시는구나' 하는 거를…….

면담자　　　그동안을 지금 회고해 보는 것인데요, 가장 화가 치밀 때는 언제였습니까?

수정 아빠　　　특별법 때문에 저희가 서명운동 했지 않습니까? 저

나름대로도 가서 서명도 받고, 알음알음으로 인터넷을 이용해서 서명 용지를 돌리고 많이 받았거든요. 근데 그 많은 서명 용지를 갖고 국회에 갔는데도, 처음에는 받아주지도 않더라고요, 그 서명 용지를 들고 가도. 아… 그래서 진짜 정치하는 사람들을 다시 보게 됐습니다. 그때까지만 해도 아… 정치는… '정치인'이라고 생각했다가 그 상황을 보고 나서는 '정치꾼'으로 바뀐 거죠. 저 사람들은 도저히 믿어서는 안 되겠다는 거를 아주 절실하게 느꼈습니다.

면담자　　　정치인을 못 믿으면 누굴 믿어야 되는지요?

수정 아빠　　　믿을 만한 사람이 없습니다. 일반 시민들 외에는 정치인들은 전혀 믿을 생각이 없습니다, 누구를 막론하고, 여야 할 것 없이. 아… 저 사람 좀 그런대로 생각이 좀 깨어 있다 싶어도 여의도만 가면 바뀌더라고요.

면담자　　　정치와 국회의원들을 신뢰할 수 없다면 결국은 국민, 시민의 직접행동이 이 사회의 변화에 굉장히 중요한 의미를 갖는다는 결론에 도달하게 되는데, 아버님은 그런 직접행동임을 자각하고 활동하고 계신 거겠네요?

수정 아빠　　　그렇죠, 예. 국회의원들보다 오히려 시민단체가 더 믿음이 갑니다, 요즘.

면담자　　　예, 알겠습니다. 반대로, 지내시면서 가장 위안에 되었던 것을 든다면 무엇입니까?

수정 아빠   아, 광화문이나 국회에 있을 때, 물론 저거였지마는, 일반 시민들… 우리도 그 국회를 못 들어가는데, 어떻게든지 담을 넘어서도… 음식 같은 거 갔다 주… 그때는 진짜 먹을 것도 없었거든요. 화장실도… 저희가 본관 앞에 가 있었는데, 거기 화장실은 쓰지도 못하게 하고, 저쪽 외곽 쪽에 거, 그거를 써야 되고 물도 반입이 안 됐었습니다. 그때 그 담 너머로 물이나 음식 넘겨주시는 분들, 그분들… 평범한 그냥 아저씨예요. 아저씨, 아줌마들이 그렇게 저거 하시는 거 보고 '진짜 힘내서 싸워야 되겠다' 그 생각을 많이 했었거든요.

4
가족들 근황

면담자   아이들 얘기 좀 해보겠습니다. 얼마 전에 △△이가 졸업을 했다고 하셨잖아요? △△이는 어떻게 지내고 있습니까?

수정 아빠   2월 4일 날 졸업식을 마치고 지금은 다른 거는 안 하고, 학원… 학원 보내달라 해서 보내줬더니 거기하고 집밖에… 다른 거는 전혀 신경을 안 쓰고, 학원 갔다 집에 오고 그것만 하고 있거든요, 지금. 자기가 할 수 있는 거는… 다른 거는 생각 안 하고 공부만 한다고 얘기를 해가지고, 그렇게만 하고 있습니다.

면담자   언니를 잃고 어린 △△이가 많이 힘들었을 텐데, 참사 이후 △△이의 이야기를 조금 더 듣고 싶습니다.

수정 아빠　　〈비공개〉 말수가 갑자기 확 줄어버린 거예요. 그 변화가 제일 크고, 아무튼 자기 혼자 있는 시간이 굉장히 많아졌습니다.

면담자　　지금은, 2014년 참사 직후보다는 많이 좋아졌지 않을까 싶기도 한데요?

수정 아빠　　예. 지금은 많이 좋아졌는데, 그 이유가 수정이가 페이스북을 했었는데, 수정이가 알고 있던 친구들이 다 △△이한테 연락을 하거든요, 언니, 오빠들. 물론 △△이 페이스북 들어가 보면 자기 친구들도 있지만 대부분 수정이가 인맥을 맺어놓은 그 애들이 다 연락을 하고 있더라고요. 수정이 친구들이 광주, 지방 애가 그렇게 많더라고요, 전국적으로. △△이를 통해서 그렇게 많은 거를 알았습니다, 예. 언니의 인맥을 △△이가 그대로 지금 자기가 흡수하고 있는 거죠.

면담자　　어머님은 눈물 마를 날이 없으셨고, 아버님은 분향소는 물론 싸움의 과정에도 성실하게 참여하셨습니다. ○○이는 대학생이니까 그렇다 해도 △△이는 어렸는데, 제대로 챙겨주지 못한 것에 대한 불만 같은 건 없었는지요?

수정 아빠　　불만 같은 거를 걔가 얘기한 적은 한 번도 없고요. 그냥 우리가 아침에 나갈 때 "오늘은 국회에 가서 늦게 올 거 같다" 그렇게 얘기하면 "예, 다녀오세요. 언니랑 있으면 되니까 걱정하지

말고 갔다 오세요"라고 얘기했거든요. 그나마 언니가 있어서 걔가
많이 버틴 거 같습니다.

면담자   ○○이가 대학 2학년 때 동생을 잃은 것인데, 사실
○○이도 경우에 따라서는 엄마, 아빠의 빈자리를 스스로 감당하
면서 또 엄마를 위로하는 역할도 했을 겁니다. 아주 잘한 걸로 잘
알려져 있는데, 한편으로 ○○이의 어려움이랄까, 그런 것들이 보
이지는 않았습니까?

수정 아빠   예, 보였죠. 근데 힘든 거를 옆에서 봐도 아는데 그
거를 내색을 안 하려고 노력하는 걸… 애쓰는 모습을 제가 자주 봤
거든요. 저희가 집에서도 TV를 거의 안 봅니다. 근데 ○○이가 일
부러 거실에서 음악방송을 계속 틀어놔요, 엄마 보라고. 솔직히 눈
에는 안 들어오죠. 근데 엄마를 위해서 그 방송… 채널도 항상 그
것만 틀어놓더라고요. 우리가 보는 거는 뉴스 잠깐인데, 걔는 나갔
다가 오면 항상 "엄마, 몇 번에서 무슨 방송해" [하면서] 그거 틀어놓
고. 엄마가 틀지는 않으니까 틀어놓으면 그거 듣고. 일부러 그렇게
하는 게 눈에 보이니까, 좀 안타깝더라고요.

면담자   그래도 학교생활은 꾸준히 잘 했었습니까?

수정 아빠   예, 예. 자기 친구들도 수정이 이렇게 된 거를 모를
정도로 감추고, 일부러 감췄는지 어쨌는지는 몰라도 내색을 안 했
으니까, 자기 친구들도 모르고 있었던 애들이 상당히 많더라고요.
그니까 밖에 나가서는 평상시 일상 그대로, 사고 전이나 후나. 물

론 자기 마음은 안 그러겠지마는, 똑같이 그냥 4·16 전이나 후나 똑같이 하려고 행동을 많이 했던 거 같아요.

면담자   ○○이가 엄마의 울음을 그치게 했다는 얘기가 있는데, 그 에피소드도 좀….

수정 아빠   예, 맞습니다. 하도 [눈물로] 유명한 사람이라 어디를 가든 어쩌든, 뭐 하여튼 보기만 하면, 지나가는 사람 누가 위로한다고 하면 그 사람 붙들고 울고 그러니까, 인제 사람들 있는 데서는 엄마를 위로하면서 그만하라고 좋게 얘기하다가 집에 와서도 그러니까, 지금 수정이 방이 그대로 있거든요, 물건이며 뭐며 그대로 다 있는데, 거기 들어가서 울고 그러니까 인제 엄마를 데리고 나오더라고요. 인제 그만하라고 하면서. 그러고 나서 하는 얘기가…… 하아… 후…… 수정이만 자식 아니고 우리도 자식이라고…… 그만하라는 말은 안 할 거니까 조금만 자제하라고…(눈물).

면담자   어머니가 ○○이 이야기가 뭘 뜻하는지 너무 잘 알아들으셔서 그 후에는 눈물을 거의 보이지 않으신다고 들었습니다.

수정 아빠   가끔 훌쩍거릴 때는 있는데, 애들 볼 때는 전혀 안 울어요. 그 마음이야 뭐 세월이 지난다고 바뀌겠습니까마는 그래도 그 뒤로는 인제 많이… 많이 덜 울죠. 일부러 신경을 많이 쓰는 거 같아요.

면담자   ○○이가 엄마의 울음을 그치도록 하기 위해서는 '내가 강하게 한번 말씀을 드려야 된다' 이런 생각을 가졌던 거 같네요.

수정 아빠   예, 그 생각이었을 거 같아요. 지금도 ○○이한테, 애들한테… 사고 전이나 바뀐 거는 없거든요, 저희가 하는 게.

면담자   △△이, ○○이한테 제일 해주고 싶은 게 뭐였어요?

수정 아빠   수정이한테 못해준 게 많으니까, 일단은 △△이나 ○○이가 하고 싶다는 거는 모든 거를 다 해주고 싶어요, 지금은…, 일부러 "용돈 더 올려줄까" 하면 "지금 것도 쓰고 남으니까, 괜찮으니까 그런 거는 신경 쓰지 말라"고 큰애가 오히려 저를 위로하니까, 그게 참 고맙더라고요.

면담자   말씀 중에 인성, 올바른 삶, 이런 용어를 많이 쓰시는데, 아이들이 그런 아버님의 가르침을 잘 받아서 어린 나이에 굉장히 견디기 어려운 상황을 잘 넘기고 있는 것 같습니다. 그럼에도 불구하고 그 슬픔은 쉽게 가시지 않죠.

수정 아빠   그렇죠.

면담자   그래서 수정 어머님, 아버님, 그리고 △△이, ○○이, 하늘에서 같이 바라보고 있는 수정이까지, 다섯 식구가 어떻게 서로 다독이면서 살아갈 것인가가 아주 중요한 문제인 거 같아요. 그래서 제일 해주고 싶은 게 뭔지 여쭸던 거고요.

참사 관련 활동과 수정이에 대한 아쉬움

면담자   지금 시점에서 제일 아쉬운 것은 어떤 부분이세요?

수정 아빠   수정이에 대해서요?

면담자   수정이 포함해서 뭐든지요.

수정 아빠   지금…으로서 제일 아쉬운 거는 수정이한테… 수정이한테 못해준 게 그게 제일 아쉽고요. 왜냐하면 방송 쪽 일을 하고 싶어서, 그러려면 하다못해 카메라 정도는 있어야 될 거 아닙니까? 근데 걔가 동아리 활동할 때 보면 다른 사람 꺼를 빌려서 그렇게 한 게… 나중에 알게 됐지만, 자기 꺼가 필요했을 텐데 얘기는 안 하고. 갖고 싶은 거야 물론 있었겠죠, 근데 얘기를 안 하고 빌려서 썼다는 게 그게 참 가슴이 아파요. 그거 하나 사달라고 했으면 제가 사줬을 텐데. 그렇지 않아도 제가 물어봤거든요. "너, 이 정도 되면 이런… 이런 카메라 필요하지 않냐?" "지금은 제가 너무 아마추어니까 그거까지는 필요 없고, 대학 가서 필요하면 그때 얘기한다"고, 그 얘기가 지금도 남거든요.

면담자   수정이 안산으로 데려온 이후에 여러 활동을 하셨는데, 그 활동과 관련해서 아쉬움 남는 건 없으세요?

수정 아빠   생활을 말씀하시는…?

면담자   예.

수정 아빠   그렇게 크게 아쉬움은 없고요. 워낙 애가 부지런해 가지고 거의 신경 쓸 일이 없었어요, 자기가 다 알아서 하니까. 그런 거에는 아쉬움… 그런 거에는 별로 없고요.

면담자   우리 유가족 대책위원회 시절이나 지금 4·16가족협의회 중심으로 진행되는 활동과 관련해 부족함이나 아쉬움을 느끼신 적이 있으신지요?

수정 아빠   그렇죠, 그런 거는 많죠. 왜냐하면 뭐가 중요한지를 먼저 생각해야 되는데, 일단 "어디 가야 된다", "뭐 오늘은 어디 가서 뭐를 해야 된다". 그거보다 중요한 게 있는데, 부모님들을 꼭 끌고 가는 느낌 있잖아요, 그런 게 불만이라기보다는… 뭐라 그럴까, 이건 아니다 싶은 것도 협회 측에서 그렇게 끌고 가니까 마지못해서 가시는 분들도 계시고. 그거를 진짜… 진정한 의미를 알고 가시는 분들이 몇 명이나 될지… 그게 조금 의심스럽거든요. 그니까 저희는 어디 단체에 소속되어 본 적도 없고 다들 그런 분들이라, "아, 이거를 해야 된다" 하면 그게 맞는 건지 어쩐 건지 따지지도 않고 '아, 그런가 보다' 하고 그냥 따라… 군중 심리에 의해서 따라가는 그런 느낌을 많이 받았습니다.

6
수정이와 함께하는 마음으로 시작한 십자수

면담자   수정이를 안산에 데리고 오고, 특별법 제정을 위해서 서명운동을 시작한 것이 6월입니다. 그리고 7월에 국회 농성을 시작합니다. 그럼 그 전 5월과 6월, 한두 달 동안은 주로 뭘 하셨는지요?

수정 아빠   그때가 집에서 십자수 할 때입니다. 예, 국회 가기 전에.

면담자   십자수는 어떤 계기로 시작하셨습니까?

수정 아빠   우리 반 엄마가 딸 사진을 가지고 쿠션을 만든다고 십자수를 하고 계시더라고요. 그래서 '아, 나도 해봤으면 좋겠다' 싶어서 물어봤죠, 그 기본틀을 어디서 만드는지. 십자수 집에 사진을 갖다 주면 그거를 도안을 해준다고 그러더라고요. 도안 두 개를… 세 개를 해가지고 두 개는 해놓고, 지금 하나는 그대로 집에 있는 상태거든요. 겁 없이 시작을 했는데 너무 힘들더라고요, 솔직한 얘기로.

면담자   아버님 십자수 얘기는 언론에도 보도될 정도로 유명한데요. 사실 한국 사회에서는 남자가 십자수 하는 것을 낯설게 생각하는 문화도 있는데, 그걸 감수하고 시작을 하셨네요.

수정 아빠   아, 저는 그런 거를 전혀 신경을 안 썼고요. 일단 수정이하고 같이 대화한다는 생각으로 했기 때문에, 그거… 십자수 할 때는 힘든 걸 몰랐습니다, 솔직히.

면담자   하루에 어느 정도 하셨습니까, 시간으로 보면?

수정 아빠   국회 가기 전에는 하루 9시간 이상씩 했거든요. 아침에 눈 뜨면 거기에 앉아서, 어떨 때는 아침에 밥 먹는 것도 까먹고, 그러다 보면 해 넘어가고, 잠깐 앉아 있는 거 같은데 지나보면 5, 6시간이 훌쩍 지나가고 그러더라고요. 근데 거기에 몰입을 하다 보니까 시간 개념이 없어졌어요, 그냥.

면담자   십자수로 무엇을 만드셨습니까?

수정 아빠   수정이 얼굴……. 이 상반신 사진 가지고. 보통 십자수 할 때는 테두리 잡고 그다음에 저기를 만드는데, 제일… 저는 먼저 시작한 게 얼굴……. 빨리 보고 싶어서요. 얼굴 먼저 해놓고 인제 나머지 부분을 채워나가는 식으로, 그렇게 했거든요.

면담자   수정이 얼굴 본다는 일념에 그렇게 시간 가는지도 모르시고….

수정 아빠   예. 왜냐하면 한쪽 눈 만들어놓고 보면 한쪽 눈이 없잖아요. 그러면 이쪽으로 옮겨서 또 눈 만들고, 코, 입 만들고, 인제 빨리 얼굴 보고 싶어서, 바탕은 나중에 채우고 윤곽 먼저 만들어놓고, 그렇게 시작을 했습니다.

면담자   수정이 눈, 코, 입이 완성됐을 때가 어느 정도 시간이 지나서였습니까?

수정 아빠   그때 한 달 조금 안 돼서, 얼굴 피부색까지 입히는
데 한 달 조금 안 걸렸습니다.

면담자   그때 기분이 어떠셨어요?

수정 아빠   사진보다 예쁘더라고요. 그 사진을 옆에 놓고 도안
놓고 인제 한 땀 한 땀 해나가는 건데, 사진하고 비교해 봐도 오히
려 더 색이… 색이 선명하고 그러니까는. 바로 눈앞에 있는 것처
럼, 그냥 수정이하고 얘기하는 것처럼, 그런 식으로 하니까는 힘든
걸 몰랐었거든요.

면담자   하늘로 수정이가 간 이후에 아버님은 매일매일 수정
이를 만나신 거네요?

수정 아빠   예, 그렇죠. 하루도 안 빠지고 계속……. 근데 잠깐
담배 피러 나갈 때는 옥상에 올라가서 하늘 보고 얘기하고, 그런
식으로…….

면담자   수정이에 대한 사랑이 너무 강렬하게 느껴져서 가슴
이 먹먹합니다. 그런데 한편으로 수정이를 향한 집념에 가까운 사
랑의 표현이 다른 어떤 생활을 하지 못하게 하는 요소였을 수도 있
을 겁니다. 다른 가족을 돌본다든지, 가사를 한다든지요. 그런 것
에 대한 어떤 아쉬움은 없었습니까?

수정 아빠   당시에는 그런 거 전혀 생각 자체를 안 하고 그거[십

수정 아빠 김종근

자수집에만 매진한 거 같습니다. 뭐 밥 먹는 것도 잊어먹을 정도니까. 오로지 수정이 얼굴 보는 거, 그거밖에는 다른… 여유라고 그래야 될까, 그런 게 없었어요.

면담자   수정 엄마는 그런 수정 아빠를 보면서 뭐라고 하셨습니까?

수정 아빠   아무 말도 안 하고, 그냥 잠깐 나갔다 와서 "오늘은 얼마큼 되어 있어?", "수정이 얼굴 나왔어?" 그런 식으로 묻기만 하지 뭐. "너무… 그것만 하지 마라" 그런 얘기는 안 하고요, 오늘은 얼마큼 했는지, 인제 얼굴이 나왔는지 그런 것만 궁금해 했거든요.

면담자   그러면 당시 끼니는 수정 엄마가 다 챙기셨나요?

수정 아빠   그렇죠. 근데 거의 집에서는 밥을 안 먹었죠, 넘어가지도 않고.

면담자   참사 직후에는 두 분 다 식사조차 어려운 상태가 계속 됐었네요?

수정 아빠   예. 한 3개월 가까이는 그렇게 지낸 것 같습니다.

면담자   어리석은 질문입니다만, 배가 안 고프셨습니까?

수정 아빠   이상하게 배가 고픈 거를 못 느꼈으니까, 배가 고팠으면 뭐라도 집어 먹었을 텐데 배고픈 것도 모르고, 갈증도 안 나고, 그니까 가끔 너무 오래 앉아 있다 일어나면 핑 돌 때는 있어요. 그때는 인제 물 한 모금 마시고, 그게 다지… 뭐 챙겨먹고 그런 거는 거의 없었어요.

면담자   지금 저희가 참사 직후 한두 달 사이의 삶에 대해 대화를 나누고 있는데요, 주무시는 거는 어땠습니까?

수정 아빠   잠이 안 오니까 그거를 붙들고 있었던 거죠. 억지로 자려고 누워 있으면 계속 눈이 깜빡여지고 눈만 아프니까 '아, 이러지 말자. 차라리 그냥 앉아서, 피곤에 지치면 자기가 쓰러지겠지' 그 생각으로 그냥, 시간 날 때마다 그것만 들여다보고 있었거든요. 근데 피곤해서 잠이 올 것이라고 생각했는데 오히려 정신은 더 말똥말똥해지고, 거기에 빠지다 보니까 진짜 피곤한 걸 모르겠더라고요. 그래서 아, 진짜… '체력이 대단하다' 그렇게 생각했거든요, 저도 제 자신한테. 솔직한 얘기로 '그냥 이대로 이렇게 쓰러졌으면 좋겠다' 이런 심정이었어요.

면담자   십자수[로] 수정이 얼굴을 완성한 건 언제셨습니까?

수정 아빠   4개월이 조금 안 됐을 겁니다, 그때가. 첫… 첫 번째 수정이 얼굴 만든 게 한 4개월 정도 걸린 거 같네요.

면담자   그러면 8월 정도, 한여름?

수정 아빠   예, 예.

면담자   그해 8월 16일에 프란치스코 교황이 방문하셨는데….

수정 아빠   아, 그때까지도 완성이 안 됐죠. 날짜를 제가 잘 기억을 못하는데, 그때 교황 오셨을 때는 전날 미리 세종문화회관 쪽에 가가지고 1박을 했었거든요. 그래 가지고 새벽에 광화문 거기에 앉아 있었는데, 그때까지도 완성이 안 됐고, 그 뒤에…. 왜냐하면 나갔다 들어왔다, 인제 국회 왔다 갔다 하면서, 그런 행사에는 빠질 수가 없어서, 날밤 새고 그러지는 못하더라도 아침에 버스 타고 갔다가. 그런 식으로 비는 시간에 조금씩 하다 보니까 그때까지 완성은 덜 됐었어요, 밑의 부분….

면담자　　　8월 중순에서 하순 사이에 완성됐겠네요.

수정 아빠　　예.

면담자　　　처음 수정이 얼굴을 완성한 뒤에도 십자수 작업을 계속 하셨습니까?

수정 아빠　　예. 첫 번째 사진으로 하다 보니까 애가 웃는 얼굴이 아니더라고요. 그래서 '아, 이거는 아니다' 싶어서 두 번째 꺼 보니까 활짝 웃고 있는 사진이 있어서 그거를 바로 시작했죠, 또. 근데 한번 해봤다고 속도가 붙어서 그거는 조금 빨리 끝냈습니다.

면담자　　　두 번째 십자수 작품은 언제 끝나셨는지요?

수정 아빠　　한 2개월 걸린 거 같습니다, 그거는.

면담자　　　그러면 가을께, 10월 정도에?

수정 아빠　　예, 예. 그래 가지고 그거를 액자에 넣어 수정이 방에… 거실에서 제일 잘 보이는 의자 위에 딱 올려놨거든요.

면담자   십자수 작업은 두 번째 수정이 얼굴 만든 후에 그만
두신 거죠?

수정 아빠   예.

면담자   어찌 보면 한 땀 한 땀 수정이와 대화를 나누듯 십자
수 작업을 하셨어요.

수정 아빠   예.

면담자   참사 초기 십자수를 통해 수정이 사랑도 더 깊어지
고, 위안도 얻으셨을 거 같습니다. 언제 저도 십자수 한번 해보고
싶네요.

수정 아빠   예, 언제든지 오십시오(웃음).

<u>7</u>
특별법 제정 서명운동과 생존 학생들의 국회 도보 행진

면담자   2014년 6월에는 서명운동도 시작됩니다, 특별법 제
정을 위한. 서명운동에는 참여를 하셨죠? 어떤 기억이 남습니까?

수정 아빠   초창기, 막 시작했을 때는 제가 못했고요. 명절… 추
석 무렵에 저기 강남고속터미널 가서 서명운동 하고 그랬었거든
요. 그리고 SNS상으로 서명받다가 용지가 필요하다고 하면은 제가
용지 복사해 가지고 사비로 보내드리는 거예요, 주소 보내주시라

고 해가지고. 그래 가지고 우편으로 온 게 꽤 많았었거든요, 한 1500장 정도 된 거 같습니다.

면담자　　　아마 태어나서 처음 길거리 서명을 경험하셨을 텐데, 사람들 엄청 오가는 터미널 같은 곳에서 어떻게 서명 요청이나 이런 걸 잘할 수 있으셨는지요?

수정 아빠　　　솔직히 처음에는 [목소리가] 안 나오더라고요. 근데 우리 가족… 유가족들만 있었으면 아마 서명 못 받았을 겁니다. 근데 시민단체에서 다 도와주서 가지고, 그분들이 그렇게 열성적으로 활동을 해주시니까 지나가시는 분들도 서명해 주시고. 그냥… 그냥 보고 지나가는 분들도 있고, 입에 담지 못할 욕을 하는 분들도 계시고, 하여튼 천태만상이었습니다, 아무튼.

면담자　　　그래서 결국은 익숙하지 않으셔도 "서명 부탁합니다", "서명해 주세요"를 외치셨네요?

수정 아빠　　　그렇죠. 한 세 번째 갈 때는 인제 목소리가 크게는 안 나와도 뭔가 얘기를 할 수 있더라고요. 지나가시는 분들… 팸플릿 나눠주면서 "서명 부탁드린다"고, 그때부터서는 얘기가 조금씩 나오더라고요. 첫날은 가가지고 그냥 옆에 서 있기만 했죠. 시간이 지나고 보니까 '우리를 위해서 저렇게 열심히 해주시는데 우리가 가만있으면 안 되겠다' 그 생각이 들어서 인제 막 얘기도 하고 서명 부탁드린다고 일부러 쫓아가기도 하고, 막 출발하려는 버스 안에 팸플릿 나눠주기도 하고 막 그랬었거든요.

면담자   국회 농성 얘기를 조금 하면, 7월에 처음 전국버스투어 서명전을 한 다음 7월 12일 국회에서 농성을 시작합니다. 아버님은 아침에 안산에서 버스를 타고 와서 국회 농성에 참여하셨다가 저녁 때 버스를 타고 다시 귀가하는 일상이셨을 거 같습니다. 당시 국회 농성을 왜 해야 된다고 생각하셨는지요?

수정 아빠   모든 법안 처리가 국회에서 이루어지지 않습니까? 그래서 서명 용지를 전달했고. 그런데도 답이 없고 그러니까, 일단은 무조건 국회로 가야 된다 해가지고 먼저 갔는데, 그 앞에서 엄청나게 실랑이를 했거든요, 그 방호 요원들하고. 처음에는 아예 정문을 막아버리니까 들어갈 틈이 없었고, 가방이나 옷에 노란 색깔 하나만 있으면 무조건 못 들어가게 막았었거든요. 근데 국회 담이 여러 군데 있지 않습니까? 담을 타고 넘어 들어가니까, 일단 국회 안에만 들어가면 터치를 안 하더라고요. 근데 거기를 못 들어오게 하니까 여러 경로를 통해서 담을 넘기도 하고, 이쪽에서 신경 쓰이게 해놓고 뒤로 돌아가서 넘어가기도 하고 막 그랬거든요. 나중에는 국회 안에 자리를 잡고 있으니까 그 뒤부터서는 버스가 와도 조금 들여보내 주더라고요.

면담자   국회 농성을 시작한 지 3, 4일 후인 7월 15, 16일 단원고 생존 학생들이 지지와 응원의 마음을 담아 안산에서 국회까지 도보 행진을 하게 됩니다. 그때는 어떠셨는지요?

수정 아빠   그 소식은 들었거든요, 학생… 생존 학생들이 온다,

그러니까… 일단 그 애들 보는 게 뭐라 그럴까 무섭다고 해야 되나, 그런 생각이 들어서 그날은 안 갔습니다, 국회로.

면담자   무섭다는 건 어떤 느낌이셨을까요?

수정 아빠   [아이들이 무섭다는] 의미가 아니고, 사고 후에는 애들… 긴 머리의 교복 입은 애들만 봐도 막 숨이 콱콱 막히고 그랬었거든요. 근데 단원고 학생들이잖아요, 다른 학생들도 아니고. 그 애들은 우리 수정이나 2학년들 친구란 말이에요. 그니까 그 애들 볼 용기가 없었죠, 솔직한 얘기로.

면담자   수정이에 대한 그리움… 어찌 보면 살아 있는 아이들에 대한 부러움, 그런 게 강하셨다는 말씀이신가요?

수정 아빠   부러움이라기보다는… 그 애들한테도 미안하기도 하고…. 왜냐하면 걔네들도 그냥 구조돼서 살아나온 게 아니잖아요. 그래서 그 애들 보는 것 자체가… 너무 힘들었어요.

면담자   농성에 계속 참여하시다가 아이들이 온다는 소식을 듣고 오죽하면 국회로 안 가셨을까 하는 생각이 듭니다.

8
프란치스코 교황과의 만남

면담자   프란치스코 교황이 8월 16일 광화문에서 미사를 하죠. 우여곡절이 많았습니다만 유가족들이 그 광화문 농성장에서 교황을 만나는데요. 장면이나 상황 등 그때 느끼신 부분에 대해 말씀을 해주시죠.

수정 아빠　　8월 16일 교황이 왔잖아요. 그 전날 저희가 광화문을 갔거든요. 근데 저희가 가는 길목마다 경찰들이 막고 있는 거예요. 그래서 골목으로, 골목으로, 뚫고, 뚫고 해가지고 세종문화회관 지하에 그리 숨어들어 가가지고, 숨어들어 갔다기보다도 세종문화회관 지하에서 모이려고 그쪽으로 갔는데 거기도 막고 있더라고요. 그래서 그냥 뚫고 들어가 가지고 지하에서 노숙 아닌 노숙을 했죠, 스티로폼 하나 깔고. 인제 잠이 들 수가 없는 상태에서 계속 얘기하다가 새벽에 줄을 서야 된다 하더라고요. 그 자리를 이렇게 구역을 만들어놨으니까, 일일이 다 확인하면서. 그때 4시 정도에 세종문화회관에서 나갔을 겁니다, 광화문 광장으로. 자리 잡은 게 4시 반 정도 됐거든요. 그래서 하루 종일 거기 앉아 있던 거죠.

면담자　　준비를 위해 피켓도 만들고 여러 활동을 하셨습니다. 교황이 오픈카를 타고 쭉 도시면서 유민 아빠의 손을 잡고 대화를 나누는 유명한 장면이 있었는데, 그 광경을 잘 보셨는지요?

수정 아빠　　바로 옆에 있었으니까요. 근데 그것도 웃긴 게 뭐냐면 교황 지나갈 자리에 저희가 자리를… 그 구석에 자리를 잡고 있었거든요. 근데 교황이 차 타고 출발하니까 어디서 왔는지 알지도 못하는 사람들이 옆을 쫙 가로막는 거예요. 그 바리게이트 옆으로 쫙 돌려서 서더라고요. 그래서 우리가 "어디서 온 사람들이냐" 물어보니까 교회에서 나왔대요. "어느 교회냐"니까 말을 못해요. 보니까 사복경찰인 거 같아요, 딱 차림이. 그래서 그 사람들하고 한바탕 실랑이를 하고, 인제 우리가 하도 크게 뭐라고 하니까 그 사람들이 아마… 경찰이 아니면 명령 한마디에 빠지지 않거든요, 일반 시민 같으면. 교회 신자라면 그렇게 빠지지 않는데, 한 사람이 나오라 하니까 일렬로 쫙 빠져 나가더라고요. 그러니까는 그거를 방해하려고 일부러 들어온 거 같아요, 그쪽으로. 유민 아빠 있는 바로 앞에 제가 앉아 있었거든요. 교황 온 거는 자세히 봤죠.

면담자   교황이 처음 그 근방을 지날 때는 그냥 지나갔고요, 다시 미사 제대가 설치된 곳 앞을 지나서 한 바퀴 돌다가 유민 아빠와 손을 잡는 그런 상황이었죠?

수정 아빠   그 상황이, 저희가 인제 만들자 그랬어요, 그냥 지나쳐버리면 안 되니까. 우리가 나오게끔… 방송… 전 세계가 보고 있을 거 아닙니까? 그래서 그 노란 피켓 들고 교황 지나갈 때 일부러 그 순간에 맞춰서 다 일어났거든요, 다른 분들 다 앉아 있는데. 그래 가지고 지나가면서 그걸 보시고, 유민 아빠를 일부러 그쪽으로 안내를 했죠, 그 바리게이트 바로 옆에다가. 인제 유민 아빠는 서 있고 저희는 그 순간에 다 앉은 거예요, 유민 아빠만 보이게. 그래 가지고 거기서 교황을 만난 거죠.

면담자　　　신의 뜻을 전하는 사도로서 전 세계에 치유와 소통, 평화를 상징하는 교황이시기에 방한을 계기로 절박한 심정으로 세월호 참사의 진실 규명을 탄원하게 되신 거죠?

수정 아빠　　　그렇죠, 예.

면담자　　　종교도 다 다르고, 특히 수정 아버님은 불교신자이신데 가톨릭 교황에게 탄원하는 것에 거부감 같은 건 없으셨는지요?

수정 아빠　　　아니요, 거부감 같은 거는 전혀 없었고요. 당시에는 종교 자체를 떠나서 일단 국내 사정을 다른 세계에라도 알리고 싶어서 그렇게 행동을 한 거거든요. 그니까 '종교가 다르다' 뭐 그런 생각 자체는 할 수도 없었고요. 일단은 우리 입장을 좀 알아달라고, 정부에 얘기해 봐야 듣지도 않으니까 세계적인 이슈를 만들어 보고 싶어서 그렇게 행동을 했던 거죠.

면담자　　　그 이후에 큰 변화가 있었다고 보십니까?

수정 아빠　　　그렇게 눈에 확 띄는 변화는 없었는데, 다른 세상에서… 다른 세계에서 좀 많이 안 거 같아요, 교황 오신 뒤에. 대한민국에 어떤 사정이 있는지 모르고 있다가 그 방송 보고 많이 안 거 같더라고요.

수정 아빠 김종근

9

유민 아빠 비난에 대해

면담자 당시 유민 아빠가 참 대단한 단식을 했죠. 그걸 보면서는 어떠셨습니까?

수정 아빠 솔직히 유민 아빠 시작할 때 같이 하기로 했다가 중간에 포기하신 분들이 많잖아요, 못 견디고. 그분이 진짜 대단하신 게 보통 집념 가지고는 그렇게 하기가 힘들거든요.

면담자 병원으로 유민 아빠가 이송된 게 43일 만이었어요. 말씀대로 참 하기 어려운 외로운 투쟁을 하신 건데, 한편으로는 유민 아빠가 이혼을 했다는 것을 가지고 비난이 있지 않았습니까? 그때는 어떠셨는지요?

수정 아빠 뭐든… 무슨 일을 하든 꼬투리 잡는 사람들이 꼭 있다는 거는 알고 있었지만 그런 거까지 문제가 될지는 생각을 못했거든요, 솔직히. 예를 들어 이혼하게 된 게 자기네들한테 피해 준 건 아니지 않습니까? 살다가 안 맞으면 이혼할 수도 있고 다시 합칠 수도 있는 건데, 그런 거까지 그렇게 꼬투리 잡는다는 게 참 이해할 수가 없었어요.

면담자 아무래도 이혼이라는 상황 때문에 아이들이 받을 수 있는 상처가 있으니까….

수정 아빠 그거는 있을 수 있는데 그렇다고 해서 유민 아빠가 유민이나 유나한테 그렇게 잘못한 사람은 아니거든요. 애들을 방치했다거나 생활비를 안 주고 그런 사람은 아니고, 나름대로 굉장히 열심히 살아온 사람이더라고요. 솔직히 이 사고 터지기 전에는 누구… 아는 사람이 별로 없었거든요. 유민 아빠라는 사람이 이혼을 했는지, 유민 아빠라는 사람 자체를 모르고 있다가, 그런 일이 터지고 저기 하다 보니까 그게…. 신상 털기는 일도 아니잖아요, 요즘에 금방 털어지니까. 분향소 대기실에서도 유민 아빠 자주 만났어요. 단식 끝나고 병원에서 퇴원하고 왔는데 진짜 불쌍하더라고요, 너무 말라가지고. 그때도 얘기하면 결코 나쁜 사람이 아니거든요. 애들한테 뭐 잘못한 사람도 아니고 나름대로 최선을 다해서 애들 키우고 그랬는데도. 물론 이혼이 애들한테는 상처가 되겠지만 그렇다고 애들이 아빠를 싫어한 건 아니었거든요. 그런 거 갖고 꼬투리 잡는다는 게 참 이해할 수가 없어요.

면담자　　　그때 많은 국민도 동생 유나의 표정이나 이런 것을 통해 유민 아빠의 아이들 사랑에 대해서는 알 수 있었을 거예요.

10
청운동 농성

면담자　　　국회 농성을 하다가 8월 말경에 청운동에 가서 또 농성을 시작합니다. 그때도 자주 참여를 하셨는지요?

수정 아빠   청운동… 제가 못간 게, 광주법원 재판, 거기 참여하느라고 청운동은 딱 한 번밖에 못 갔거든요.

면담자   청운동 가셨을 때 기억나는 상황이 있으세요?

수정 아빠   하… 청운동 거기까지 갈 때도… 시간도 시간이지만 서울 골목이 그렇게 복잡한지 몰랐습니다. 분명히 저쪽 방향이 청운동이고 이쪽 골목으로 들어가서 이리 가면 나와야 되는데 막혀 있고, 이쪽으로 나가다 보면 경찰이 막고 있고, 구석구석 그렇게 잘 막고 있더라고요, 경찰들이. 그래서 우리 반 아빠하고 머리를 썼죠. 가방이고 뭐고 다 광화문에 있는 가족들한테 맡겨놓고 맨몸으로 간 거예요, 그냥. 안 된다고, 못 들어가게 한다고 그러더라고요. 무조건 일반 사람이건 뭐건 무조건 다 막았으니까요. "저기 볼일이 있는데 왜 못 들어가게 하냐"[고] 거기서 실랑이하다 보면 인제 무전기 들고 한 사람이 와요. "어디 가시냐"고, "어디 어디…". 그 전에 예슬이 전시회 했을 때 서촌갤러리 거기를 갔다 온 적이 있거든요. "서촌갤러리, 볼 일이 있어서 간다" 그러면 거기까지는 터줘요. 그다음에 가면 또 막고 또 검문하고, 몇 차례 해서 인제 그 청운동 동사무소 앞에 한 번 도착을 했는데, 아예 청와대 쪽으로는 갈 수도 없고요, 그 동사무소 앞에까지 가는데도 그렇게 오래 걸렸거든요.

면담자   팽목항에 들러서 진도체육관에 대통령이 한 번 왔었고요. 5월에 유가족들과 면담을 했고, 그 뒤에 대국민담화를 발표해서 "특별법 등을 만들겠다"고 약속했습니다. 그랬음에도 대통령은 유가족들의 요구는커녕 대화까지 거부하는 상황이 되어서 결국은 청운동 농성이 시작됐는데요, 그 과정을 거치면서 대통령에 대한 생각이랄까, 어떻게 변하셨는지도 좀 듣고 싶습니다.

수정 아빠   저는 이중인격자라고 생각을 합니다. 우리들 앞에서는 분명히 해줄 것처럼, 무슨 이거는 자기가 어떻게, 어떻게 해서 해준다고 분명히 얘기해 놓고 돌아서면 딴소리를 하니까요. 도저히 믿어서는 안 될 사람으로 생각이 된 거죠, 그때부터서. 진도 왔을 때도 그런 생각을 갖고 있었는데, 청와대 면담 한 번 한 적 있지 않습니까? 그때는 "다 들어준다"고, "원 없이 다 해준다" 해놓고, 그거 끝나고 나니까 언제 그랬냐는 식으로 싹 바뀌니까, 저는 이중인격자라고 생각을 하거든요.

면담자   그래서 청운동 농성을 포함해 대통령을 통해서는 얻어낸 것이 없지 않습니까?

수정 아빠   그렇죠. 없죠, 아무것도.

면담자   살짝 틀어서 혹시 '유가족들이 대통령이나 대통령의 힘을 너무 믿은 것 아닌가' 그런 생각은 안 드시는지요?

수정 아빠   그렇죠, 너무 믿었던 거는 있죠. 왜냐하면 사람이라면, 그래도 감정이 있다면 우리가 이 정도로 했으면 '아, 저 사람들이 왜 그러는지' 한 번쯤은 생각해 볼 수도 있다고 생각을 했거든요, 그냥 평범한 사람이라도. 옛날에… 지금도 청와대 앞에 가면

수정 아빠 김종근

신문고가 있지 않습니까? 옛날에도 그거를 때리면 무슨 일이 있는지 나와서 알아보기도 하고 했는데, 그 앞에까지 가서 그렇게 난리를 해도 들은 척도 안 하니까.

11
광주 재판

면담자   광주법원은 어떻게 가게 되셨는지요?

수정 아빠   아… 재판 첫날부터 계속 거기만 다닌 우리 반 아빠가 있어요. 처음에 진상분과에 있다가 지금은 그 활동을 안 하고 있는데, 그 아빠가 계속 가는 거는… 법원에 가는 거는 알았어요. 근데 법원에 가고 그런 거는 누구 재판이 며칠 몇 시 있는 걸 알아야 하는데, 그 내용을 모르겠더라고요. 물론 분과 사무실에 가면 그 재판 내용을 볼 수는 있는데, 그거 가지고는 도저히 이해가 안 가고, 재판정에는 가본 적도 없고 그러니까. 그 판사들 해놓은 거 질문지만 보면 이해가 안 가서 아무 생각 없이 그냥… 그 아빠한테 간다고 얘기도 안 하고, 가는 날 버스가 몇 시에 있는 거는 공지에 올라오니까 무턱대고 분향소 나와가지고 버스 탄 거죠. 그때부터서 구형할 때까지 계속 갔었거든요.

면담자   재판을 통해 정의로운 결론이 내려질 것이라 신뢰했다면 굳이 광주까지 발걸음하지 않으셨을 텐데, 법정에 대해 우려가 크셨던 거 같습니다.

수정 아빠   그렇죠. 처음에 올라온 재판 기록을 봤는데 너무 의심나는 것도 많고, 이거는 아니다 싶은 것도 있고 해서 '일단은 가서 눈으로 직접 봐야 되겠다' 그 생각을 해가지고 법원을 가게 된 거거든요.

면담자   가서 어떤 게 눈에 들어오던가요?

수정 아빠   처음 갔을 때는 저기… 보통 2박 3일이었거든요, 한 번 가면. 거기 광주에서 숙식하면서 재판 참여하고 그렇게 올라왔는데, 첫날 제가 가서… 본 거는… 판사가 유가족들 질문도 받아주고 그러길래 '아, 저 판사는 그래도 나름대로 객관적으로 재판을 진행하는구나' 그런 생각을 갖고 계속 갔었는데, 어느 순간에서부턴가, 우리가 궁금한 거는 변호사를 통해서 질문지를 써서 판사한테 제출하면 판사가 그거를 보고 질문을 하거든요. 근데 그 상태가… 제가 의심이 간 게 뭐냐면, 검사도 안 물어보고 변호사도 안 물어본단 말이에요. 그래서 우리가 궁금한 거를 물어보면 판사가 그거를 보고 아까 이거 했으니까 넘기고, 넘기고 해가지고 정작 우리가 물어보고 싶은 거는 다 빼버리는 거예요. 검사나 변호사가 질문했던 거에 대해서 보충 설명만 해주고 왜 그랬는지, 왜 그래야만 했는지를 물어보면 그 질문은 싹 빼버리더라고요. 그래서 거의 막바지에 갔을 때는 우리끼리지만 "아, 쟤들 줄타기하는구나", "좀 있으면 지방에 있다가, 광주법원에 있다[가], 서울로 올라오겠구나". 그 얘기를 했었거든요, 우리끼리.

면담자   광주법원에 가셨을 때는 어디서 주무셨습니까?

수정 아빠   그 광주시민상주회[광주시민상주모임] 있지 않습니까? 그 장헌권 목사님이 식사하고 잠자는 데를 마련해 주셨어요. 솔직히 처음에는 뭣 모르고 그냥 따라갔었거든요. 근데 가다 보니까 나중에는 상당히 부담이 되는 거예요, 그게. 우리 일인데 저분들이… 저는 시민단체에서 그거를 인제, 지원을 하는 줄 알았는데 시민상주회 그분들이 돈을 갹출을 해가지고 우리를 위해서 그렇게 여관 잡아놓고 식당 잡아놓고, 그렇게 하셨더라고요. 그거를 알고 나서는 일부러 한 사람이라도 줄이려고 저하고 몇몇 사람들은 "아, 오늘 우리 광주에 아는 사람하고 얘기 좀 해야 된다" 해가지고 일부러 빠지기도 하고 그랬었거든요. 너무 미안하더라고요.

면담자   광주시민상주회는 정말 일반 시민들이 4·16 참사를 겪으면서 자발적으로 모여서 유가족들과 함께했던 참 대단한 모임입니다. 아이들을 잃었을 뿐만 아니라 정상적인 나라를 잃었다는 의미에서 이름을 시민상주, 스스로 상주를 자처하신 분들이죠. 그러면 광주 재판은 끝까지 보셨는지요?

수정 아빠   예, 마지막 구형할 때…. 1차 재판만 봤습니다.

면담자   1차 재판 최종 판결을 들었을 때는 어떤 느낌이셨는지요?

수정 아빠   화가 나서 아무 생각도 안 나고 그냥 털고 나와버렸죠, 그냥.

면담자   국회도 못 믿으시고 사법부도 못 믿게 되시고….

수정 아빠   저는 지금도 같은 생각이지만 사법부나 입법부나 똑같은 한통속이라고 생각합니다, 정치권은. 그니까 삼권분립 국가가 아니고, 우리나라는 삼권통합 국가입니다. 대통령 혼자 쥐고 흔드는 그런 나라라고 생각을 하거든요.

12
수색 중단 선언과 인양을 위한 도보 행진

면담자   2014년 11월, 정부가 인양을 언급하면서 세월호 수색 중단을 선언합니다. 당시 어떤 느낌을 받으셨는지요?

수정 아빠   계속 수색을 해도 아무것도 안 올라오고. 제가 바지선에 올라가지고 그… 수색 당시에 잠수부들이 카메라를 달고 가니까 모니터로 볼 수는 있거든요. 마지막 부분 수색한다고 했을 때 거기 모니터를 제가 뒤에서 같이 보고 있었어요. 모니터 세 개니까, 세 사람 있었… 다윤이 아빠까지 네 명이 들어가 가지고 나눠서 보고 있었는데, 구명조끼 같은 게 계속 떠올라요. 그래서 '아, 이번에는 누가 나오지?' 싶은데 끝내 안 나오더라고요. 부유물이 그렇게 많지도 않았거든요. 손으로 이렇게 구명조끼 같은 걸 걷어내면 그때 부유물이 올라오고, 그래서 '누군가 하나 나올 거 같은데', 그 느낌으로 그걸 보고 있었는데 끝까지 안 나오더라고요.

면담자　　그 바지선을 타신 계기는 뭐였습니까?

수정 아빠　　다윤이 아빠가 거기 있었으니까요, 진도체육관에. 다윤이 아빠 보러… 그 바지선 들어가려고 작정을 하고 간 게 아니고, 일단 진도체육관에 다윤이네가 있으니까 보러 내려간 거였거든요. 광주법원 들렀다가 바로 그쪽으로 갔는데 그날 마침 "바지선에 들어간다" 그러더라고요. 그러면 "우리도 진도체육관에서 그냥 시간만 죽이지 말고 같이 들어가자" 해서 바지선에 같이 들어간 거였거든요. 다윤이 아빠한테 차마 뭐라고… 진짜 세상 말 다 해줘도 뭐 위로가 안 되는, 할 말이 없더라고요. 그냥 앉아서 얼굴 보고 담배 피는… 그것밖에 없었습니다, 해줄 수 있는 게.

면담자　　정부가 2015년 1월 말이 되도록 인양에 대해 아무런 반응이 없자 유가족들이 1월 말에 인양을 위한 19박 20일이라는 엄청난, 안산에서 팽목까지의 도보 행진을 했었어요. 거기에는 참여를 못 하셨죠?

수정 아빠　　거기에는 전체 가족이 다 진도까지, 끝까지 갈 수가 없었으니까요. 반별로 1반은 어디서 어느 구간까지, 그렇게 해가지고 두 번 참여했습니다. 첫날… 첫날은 1반이 분향소에서 수원까지 가고, 수원에서 오산까지 가는 데 갔고, 그다음에 정읍에서 광주 초입까지… 그 두 번 참여를 했었거든요.

면담자 　　　도보 행진 때 기억나는 것이 있으면 말씀해 주시죠.

수정 아빠 　　　수원에서 오산 내려가는… 그 길이었는데 일반 시민도 많았지만, 장애인 분들이 휠체어를 타고 같이 가시는 거, 그거 보고 참… 내 일도 아닌데, 힘들잖아요. 휠체어를 끌고 거기 간다는 게 보통 일이 아닌데, 우리 옆에는 진짜 많은 분들이 계시구나라는 걸 느꼈죠. 제일 저거 한 거는 아래로 내려갈수록 사람들이 따뜻해진다는 거. 광주는 공기 자체가 달라요, 이쪽하고는. 지금도 잊을 수 없는 게 거기 광주법원 들어가려고 하면 그 길이 직선 도로인데, 거기가 한 250미터 정도 될 거예요. 근데 거기는 가로수에 전부 손뜨개로 옷을 입혀놨어요, 노란 실로 가로수마다 다. 저희 버스가 새벽에 출발하면 거기 9시 조금 못 돼서 도착을 하거든요. 그럼 양옆으로 버스 지나가는, 지나가는 쪽에 다 노란 우산 들고, 피켓 들고 그렇게 서 계시는 거예요, 그 시민상주 분들이. 그 중간쯤에 카페가 하나 있는데, 완전히 리본으로 도배를 해놓은 카페가 있거든요. 저희가… 저희는 항상 노란 리본을 차고 다녔었거든요. 근데 거기 가면 돈을 안 받는 거예요, 커피를 시키면. 이러면 우리가 너무 안 되겠다 싶어서 거기 갈 때는 배지고 뭐고 노란색은 다 빼고 그냥 일반 손님인 것처럼, 근데 그분들이 금방 아시더라고. 또… 우리는 표시 안 나게 하고 들어가도 금방 알아보시더라고요.

면담자 　　　아무것도 아닌 거 같지만 참 아름다운 얘기네요.

수정 아빠 　　　예.

면담자　　　광주 지역이 다른 곳과는 확실히 좀 다르네요.

수정 아빠　　많이 다르죠. 다른 정도가 아니고.

면담자　　　그 이유를 뭐라고 생각하시는지요?

수정 아빠　　제 개인적인 생각이지마는 5·18을 겪었기 때문에 다른 도시보다 더 시민들의 생각이 깨어 있다고 그렇게 생각을 하고 있거든요. 그 아픔을 겪어보신 분들이라 그 정신이 살아 있는 거 같아요.

면담자　　　5·18 광주민주항쟁에 대해 여러 평가가 있습니다만, 참사 전에는 5·18에 대해 어떻게 생각하셨는지요?

수정 아빠　　참사 일어나기 전에도 저희 처 작은아버지가 광주 사시니까, 거기 형님 중에도 그때 다친 분이 계시거든요, 처 작은집에. 저도 당시… 사고 나기 전에도 '5·18 이거는 진짜 큰일이다', 뭐 북한 소행이라는 거는 믿을 수도 없었고 믿지도 않았고 그랬었거든요. 왜냐하면 우리 가족 중에서도, 처갓집이지만 그 피해자가 있으니까요.

면담자　　　고향 구례에서도 대체로 5·18 광주민주항쟁에 대해서는 엄청난 피해를 입은, 그야말로 참사이자 우리 사회의 민주적 발전에 굉장히 중요한 역할을 한 사건으로 생각하셨나 보네요.

수정 아빠　　그렇죠. 남쪽은 대부분 그렇게들 생각을 하시죠.

면담자　　　19박 20일간의 유가족 행진이 있었지만 그럼에도 상당 기간 인양에 대한 발표가 없었습니다. 2014년 11월 수색 중단 선언 후 정부의 인양에 대한 구체적인 조치가 전무한 상태에서 2015년 초에는 어떤 고심들을 하셨는지요?

수정 아빠　　인양 발표하고 바로 실행에 안 옮긴 거에 대해서 우리 유가족들이 생각하기를… 사람마다 생각이 다르겠지만 그래도 어느 정도 일치하는 부분이 굉장히 많았거든요. 우리끼리 한 얘기가 뭐냐면 "인양 발표는 했지만 바로는 안 할 거다. 왜냐하면 만약에 인양을 해가지고 거기서 증거가 나오면 자기네들은 빼도 박도 못하니까 그거를 감추기 위해서 무슨 수작을 부릴 거다". 그렇게 생각을 하고, 빠르지는 않을 거라고 생각은 했었어요. 발표는 했지만 인양은 바로 안 할 거다…….

면담자　　결국은 4월 26일 날 세월호 인양을 할 것을 정부가 공식 발표를 합니다. 그리고 바로 뒤인 4월 29일이 재보궐 선거였어요. 그래서 선거에서 여당이 승리를 하고, 야당이 참패를 한 결과가 있어서 "인양 발표도 선거용이었다" 이런 얘기도 있었습니다.

수정 아빠　　보궐 선거지만 그래도 국회의원 수를 늘리는 거니까 그것에서 반짝 효과를 얻으려고 그런 발표를 했다는 얘기도 있었으니까요.

면담자　　결국 중국 업체[상하이샐비지]가 현재까지도 인양 작업을 하고 있습니다. 시기가 늦어진 것부터 현재 진행되고 있는 인양 활동 전반에 대해서 어떤 생각을 갖고 계신지요?

수정 아빠   벌써 얘기 나온 게 "인양을 위해서 세월호 타공을 했다. 구멍을 냈다". 벌써 웬만한 증거는 다 조작이 됐을 거라고 보거든요. 다만 한 가지, 증거보다도 중요한 게 아직 못 나오신 아홉 분… 우리 반 다윤이를 포함해서, 그 사람들이라도 온전하게 배 안에서 발견됐으면…, 그 바람이죠. 진상 규명은 어차피 시간이 걸릴 거고, 아무리 덮는다 해도 나중에는 밝혀질 거 아닙니까? 제일 중요한 거는 학생하고 선생님들, 일반인들… 그 아홉 분이 온전하게 수습되는 거, 그거를 바라는 거죠. 어차피 배는 다 증거 인멸하고 없을 건 [틀림없다고]… 그렇게 생각이 들어요, 저 개인적으로는.

13
특별법 제정과 삭발식

면담자   말씀 중에 진상 규명 얘기도 하셨는데, 현재 활동 중인 진상규명특별조사위원회에 대해서는 어떻게 보고 계십니까?

수정 아빠   하아, 진짜 이거는 답답한데요, 초창기 첫 번째 진상규명위원장 수현이 아빠는 나름대로 굉장히 열심히 저거를 했거든요. 물론 지금도 열심히 하고 계시겠죠, 지금 분과장님도. 근데 그때보다도… 진전이 없어요, 더 나아간 게 없고 새롭게 밝혀진 것도 없고, 보면 수현이 아빠 기록해 놓은 거, 거기 테두리 안에서만 놀고 있는 거 같아서 좀 답답한 것도 있죠.

면담자   가족협의회 진상규명분과에서 가족 분들이 열심히 문제를 파헤치는 것도 중요하지만 정부가 특별법에 의해 진상을 규명하겠다고 만든 특별조사위원회 활동이 사실은 참 중요합니다. 이 위원회 공식 활동에 대해서는 어떻게 보고 계십니까?

수정 아빠   그 조사위원회에서 활동을 하고 싶어도 할 수 없게 두 손 두 발 다 묶어놓은 거니까, 제일 큰 영향이 김재원이가 한 "세금도둑"이라는 말이었다고 생각을 하거든요. 그니까 세금을 왜… 거기에서 여론 몰이를 하니까, 깊이 알지 못하는 사람들이… 그 내용만 보면 체육활동비까지 조목조목 다 나온 거 있거든요. 그 사람들이 "왜 이렇게까지 돈을 들이면서 그거를 해야 되냐" 해가지고 많이 돌아선 거는 있어요.

면담자   광화문 농성 등을 거치면서 결국 '세월호 특별법'이 제정됩니다. 그 결과에 대해서는 당시 어떻게 생각하셨는지요?

수정 아빠   특별법 저기 했을 때 여야 합의로 한다 했었잖아요? 그때 국회… 저도 박영선, 이완구 왔을 때 그 자리에 있었거든요. 그 자리에서는 서로 막 저거 하더라고요, 야당 측에서도 그렇게 하면 안 된다 해가지고 한 가닥 희망은 있다 싶었는데, 어느 날 갑자기 둘이 합의를 해버리니까 완전히 뒤통수 맞은 거죠.

면담자   가족들의 엄청난 싸움, 전 국민적인 관심과 서명 등의 활동이 이어졌음에도 가족들이 원하던 수사권과 기소권을 갖지 못한 상태로 특별법이 통과됐지 않습니까? 그에 대한 아쉬움이 컸을 텐데요?

수정 아빠　　　기소권은 둘째 치고, 수사권 자체가 없으니까는 뭐어떻게 자료 요구도 할 수 없고, 그 사람들이 내는 자료만 갖고[는] 조사밖에 못하잖아요. 솔직히 유명무실한 거죠. 있어봐야 수사를할 수도 없고. 이 자료 내놔라 할 수도 없고, 관계 사항도 없고, 그니까 아무것도 없이 그냥 자료가 이거다 하면 그것만 갖고 조사를하는데 그게 진상 규명이 될 수가 없는 거죠.

면담자　　　특별법을 그렇게 만들었을 뿐만이 아니라 2015년 3월이 되면 특별법 시행령이 발표됩니다. 이 시행령이 발표되었을 때는 어떠셨는지요?

수정 아빠　　　법보다 시행령이 더 우선인 거는 몰랐습니다. 법을 만들어놓고 "시행령이 이러니까 이 법은 안 된다" 그런 아주 말도 안 되는 거 갖고 저거를 하니까, 제 생각에는 조금 있으면 헌법도 바꿀 거 같아요, 박근혜 더 집권하려고.

면담자　　　결국 그 시행령 때문에 4월 2일 52명의 부모님이 광화문에서 삭발식을 하고, 이틀 뒤인 4월 4일에는 16명의 부모님이 2차 삭발식을 한 뒤 아이들의 영정사진을 들고 광화문으로 행진을하십니다. 그때 같이 참여를 하셨는지요?

수정 아빠　　　예, 그날 같이 갔습니다.

면담자　　　사실 아이들의 영정사진을 든다는 것이 쉽지 않은 일인데, 수정이를 데리고 가실 때 심경이….

수정 아빠   솔직히 영정사진을 뺀다는 것 자체가 있을 수 없는 일이거든요. 근데 하도 절박하니까 이렇게라도 해야 되겠다 싶어서 그 사진을 들고 갔는데, 그날따라 비가 그렇게 많이 오더라고요. 인제 그게 사진이라고 생각 안 하고 부모님들이 자기 살아 있는 애라고 생각하니까, 비가 오니까는 다들 사진을 돌려서 품에다 안고 가는 거죠, 비옷 속에 넣어가지고.

면담자   사실 가족 분들이 도보 행진을 여러 차례 하셨잖아요. 비가 많이 내렸지만 이전 도보 행진과 좀 다른 분위기랄까, 그런 게 있었나요?

수정 아빠   처음에 도보행진을 했을 때는 한 번도 그렇게 장거리를 걸어가 본 적도 없고, 그러다가 자주 걷다 보니까는 힘든 걸 모르겠더라고요, 그날은 이상하게. 더군다나 애기 사진을 안고 가니까, 나하고 같이 간다는 생각이 들어서 그런지는 몰라도 그렇게 힘들어하거나 구급차를 타거나 그런 부모님들은 안 계셨어요, 가는 내내.

면담자   시민들의 반응이 혹시 기억나십니까?

수정 아빠   시민들은… 그때는 일단은 위로의 말이 없어요, 조용히 그냥 따라오시기만 하고. 처음 저거 했을 때는 막 "힘내세요" 그런 얘기를 많이 해주셨거든요, 길옆에 서 있다가도. 근데 조용히

수정 아빠 김종근

뒤를 따라오지, 그렇게 말씀을 안 하시더라고요. 다들… 분위기가 엄숙했다 그럴까, 그런 느낌이었죠.

14
배·보상 관련

면담자 　　3월 말에 시행령이 발표되고 4월 1일 바로 배·보상과 관련된 정부 발표가 있었습니다. 그 직후에 삭발식, 영정사진을 안은 도보 행진이 이어집니다. 당시는 '유가족들이 엄청난 돈을 받았다' 이런 근거 없는 비난이 생기는 시기였어요. 배·보상과 관련된 비난에 대해서는 어떻게 생각하시는지요?

수정 아빠 　　솔직히 그 배·보상 관련해서는 얘기하기도 싫은데요, 그거는 우리가 달라고 해서 주는 게 아니잖아요? 국가에 우리가 얼마큼 달라 하는 얘기도 없었고 우리는 그… 피켓에도 써 있었지만, "배·보상을 원… 그거를 원하는 게 아니다. 우리는 진실 규명만 하면 된다" 그렇게 한참 외치고 있을 때 그 얘기를 툭 꺼내더라고요, 배·보상 문제를. 그걸로 인제 언론플레이를 한 거죠. 이렇게, 이렇게 해서 얼마가… 1인당 얼마가 된다, 계산서까지 쫙 뽑아놨더라고요. 하아… 그 소식을 듣고 하… '참 철저하게도 짓밟는다' 그런 생각을 했죠.

면담자 　　그럼에도 불구하고 배·보상, 특히 보상을 받는 것은 당연한 일이고, 그래서 신청을 하셨을 텐데 어느 정도 시점에 하셨는지요?

수정 아빠　　　그 시행령… 아니… 배·보상 문제 나오고 나서 갈등이 많았었어요. 유가족… 부모님들 간에도 이거를 해야 되는지 말아야 되는지, 그걸로 한동안 유가족 대기실에서도 얘기가 많았었거든요. 근데 그때까지도 누가 결정한 사람은 없었어요. '나는 이렇게 해야 되겠다' 하는 사람은 없었는데, 두세 달 지나고 인제 그 얘기가 조금씩, 조금씩 흘러나왔던 거죠. 왜냐하면 이혼 가정 중에서 아빠들이 먼저 절반을 가져가 버린 사람들이 있었거든요. 그게 우리 반 부모님인데, 그 엄마는 그래서 법원도 다니고 그랬었거든요, 양육비 문제로. 근데 그 사람이 먼저 절반을 찾아가 버리니까 그 엄마는 어쩔 수 없이 나머지라도 받아야 되니까, 그렇게 해서 얘기가 나왔죠. '무조건 안 받아야 된다'에서 '아… 그런 경우도 생길 수 있다' 하니까는 거기서 조금 동요가 있었죠.

면담자　　　가족 총회 등에서 '국가 배상은 거부하더라도 보상, 보험 등을 포함한 보상금은 받는 것이 좋다'는 설명은 혹시 없었습니까?

수정 아빠　　　그 설명을 박주민 변호사님이 계속 해주셨는데요. 배·보상 나오기 전에 여행자 보험은 여행사에서 주는 거기 때문에 그거는 다… 거의 다 받은 걸로 알고 있거든요. 근데 그거하고 배·보상하고는 별개잖아요, 지금 보험 자체는. 배·보상 문제도 박주민 변호사님이 계속 얘기를 하셨어요. "이거는 장기적인 싸움이니까는 받아도 싸울 수 있다", 그 얘기를 초기부터 하셨어요. 근데 어느 순간부턴가 집행위 측에서… "그거를 받으면 안 된다" 그 얘기가 나온 거죠. 분명히 변호사로부터 "그거는 받아도 된다" 얘기를 들었는데 "안 된다"로 바뀐 거예요. 어떻게 그렇게 바뀌었는지는 몰라도 부모들 사이에서는 "그거 받으면 절대 안 된다"가 돼버린 거죠.

면담자   사실 그 부분은 개인적 선택의 문제이고, 부모님들이 수령하신 보상금을 어떻게 사용하느냐가 참 어려운 문제인 거 같아요. 제대로 수령하셨는지 확인도 필요하고. 아버님 기억에 총 수령액은 어느 정도였는지요?

수정 아빠   통장을 확인해 보면 한 6억 정도 되거든요.

면담자   어떻게 내역이 구분됐는지 혹시 아십니까?

수정 아빠   처음 배·보상과에서, 해수부에서 온 게 4억 조금 넘고, '사랑의 열매'에서 2억 가까이 되고요.

면담자   그럼 여행자 보험으로 나온 1억 원을 합치면 7억 원 정도를 수령해 현재 통장에 있는 거군요. 어떻게 사용하겠다고 생각해 보신 적은 있는지요?

수정 아빠   그거는 아예 묶어놔 가지고 손도 안 대고 있습니다.

면담자   지금은 직장에 복귀하셨으니 생활이 가능하시겠습니다만 거의 1년여 수입이 없었던 것으로 압니다. 생활비 [마련하기

개 참 어려우셨을 거 같은데, 배상금은 그렇다고 치더라도 보상금을 사용하지 않은 이유가?

수정 아빠   그거는… 잘 아시다시피 수정이 엄마가 수정이에 대한 애착이 심하잖아요. 심하다기보다는 굉장히 수정이를 그렇게 생각하니까, 수정이 일이라면 아무것도 손을 못 대게 합니다, 지금도. 더군다나 돈 문제이니까 "이거는 수정이 목숨 값이다. 손대면 절대 안 된다" 해놓으니까, 거기에 대해서는 누구 토 다는 사람이 하나도 없어요. "그거는 수정이 거다" 해가지고 딱 못 박아놓으니까는 건드릴 수도 없고, 지금 그런 상태이거든요.

면담자   경제적인 문제는 크게 없는 상태이십니까?

수정 아빠   지금은 큰 문제가 없는데, 당시에는 생활이 안 되니까 대출을 받았거든요, 집을 담보로. 인제 대출금 갚아나가야죠.

면담자   죄송하지만 어느 정도 대출을 받아 1년 동안 생활하셨는지요?

수정 아빠   대출받은 게 2500만 원이었거든요. 그게 쪼개고, 쪼개고, 세금 조금 면제해 주고 그런 게 있었으니까요.

면담자   직장에 복귀하셔서 대출금 갚고 이런 생활을 하셔야겠네요?

수정 아빠   그렇죠, 열심히 갚아 나가야죠.

면담자   ○○이 대학까지 다니는데 쉽지는 않으시겠어요.

수정 아빠   조금 힘듭니다, 솔직히.

면담자   개인적으로 이런 이야기를 나눌 때마다 힘든데, 기억에 경제적으로 어렵다고 말씀하시는 가족을 단 한 분도 만나지 못했어요. 경제적으로 틀림없이 어려우실 텐데.

수정 아빠   예.

면담자   혹시 왜 그러시는지… 경제적으로 어려우시면서 어려움을 못 느끼시는 건지?

수정 아빠   아, 그거는 일상적인 어려움보다는, 경제적으로 풍족하게 [못] 쓰고 그런 어려움보다는 일단 사고 전에는 이거는 그냥 낭비… 하, 지금 생각하면 안 써도 되는 돈이 많은데, 사고 후에는 적은 돈이지만 꼭 필요한 데만 쓰니까 그렇게 크게 어려운 거를 몰랐던 거죠. 왜냐하면 일단 부모님들이 먹는 거에 대해서는 굉장히 인색해져 버렸죠. 자기 자신한테 먹는 거는 필요 없다고, 거의 안 먹다시피 하니까, 그런 부분에서는 나가는 돈이 없으니까 "그렇게 크게 어려운 거를 못 느낀다" 그렇게 말씀들 하실 겁니다.

면담자   다른 어머니, 아버지와 나눈 대화입니다만, 우리가 너무 돈을 벌려고 열심히 사는 바람에 실제로 아이에게 해준 게 없고 아이와 놀아주지도 못한 회한을 갖고 계신 분들이 많더라고요.

수정 아빠   그렇죠.

면담자   그래서 '돈보다는 내 가정과 아이, 사람이 더 중요하다' 이렇게 생각하는 분들이 많으시던데, 혹시 '돈이 많지 않더라도 절약하면서 행복하게 살 수 있다' 이런 생각을 하셨는지요?

수정 아빠   그렇죠. 근데 애… 수정이 있을 때도 여행을 자주 못 갔지만, 여행이라기보다는 가까운 데 당일 코스로 갔다 온 데는 여러 군데 되는데, 지금은 애들 데리고 어디를 가고 싶어도 꼭 수정이만 놓고 가는 거 같아서 아예 갈 생각을 안 합니다.

15
가족 대기실 모임

면담자   십자수는 집에서 놓으셨지만 가족 대기실에서 아주 모범적이신….

수정 아빠   (웃음) 당직 때만 나옵니다.

면담자   나오면 주로 어떤 대화를 하시는지요?

수정 아빠   꼭 당직이라서 나온다기보다도, 당직 날은 정해져 있는 날이고. 다른 때는 시간이 안 맞아서 엇갈릴 수 있지만 그때는 시간을 맞춰서 나오니까 부모님들 얼굴 보러 나오는 거죠, 솔직한 얘기로 당직보다는. 여기 경찰들도 많은데 굳이 당직 설 이유는 없지 않습니까? 근데 그날은 부모님들이 그래도 네다섯 분 나오시니까 얼굴 보고 싶어서 나오는 거죠.

면담자	말하자면 2반 반 모임인 거죠?

수정 아빠　예.

면담자　주로 어떤 분들이 자주 나오십니까?

수정 아빠　지금은 아주 멤버가 고정되어 있습니다, 계속 나오시는 분들만 나오시고. 아빠들 저 포함해 세 명이고, 수정이 엄마 포함해서 어머니 세 분, 그래서 여섯 명 나오고 있거든요.

면담자　누구누구신지요?

수정 아빠　아… 2반에 지나 아빠하고 A이 아빠하고 저하고요, 수정이 엄마하고 지아 엄마, 서우 엄마, 그렇게 고정적으로 나오시고, 가끔 한두 분 더 나오시기도 하고. 그니까 고정으로 나오는 분은 그 여섯 분이고요. 나머지는 저희가 언제 당직 날인데 [하고] 밴드에다 올립니다. "오늘은 2반 당직이니까 얼굴 좀 보자" 하면 나오시는 분도 계시고, 아예 안 나오기도 하고. 얼굴 좀 보자고 나오라고 하는 거죠.

면담자　당직 때는 주로 뭐 하세요?

수정 아빠　그냥 열흘 동안 못 봤으니까 뭐 하고 어떻게 지내는지 그게 궁금한 거고. 가끔 저거 할 때도 있죠, 당직 때 나오면 협의회 자체가 배·보상받은 사람하고 안 받은 사람하고 구분을 지어버렸어요, 회원, 비회원 해가지고. 그게 불만이 상당히 많은 거거든요. 그게 회원, 비회원 그렇게 자기네들이 정해놓고, 정작 투표

할 때는 "그거 아니다. 다 나와야 된다" 그런 식으로 얘기를 하니까 믿지를 못하는 거죠, 서로가. 그래서 "어디 가서 뭐를 해야 되는데 그거는 회원들이 하겠지" 그런 식으로 얘기가 되는 거예요. 그게 참, 저 운영위원들도 좀… 물론 힘든 건 알아요. 근데 그렇게 구분을 지어버리면, 이 단체 자체가 쪼개질 거라고는 생각을 안 했는지 어쨌는지는 몰라도. 물론 열심히 참여하신 분들한테는 미안하고 그렇기도 하죠. 그 감정을… 없는 건 아닌데 그렇게까지 딱 구분을 지어가지고 저거를 하니까. 참여하고 싶은 부모님들도 "나는 비회원인데 거기를 왜 가?" 그런 식으로 돼버리니까 더 참여가 안 되는 거예요. 엊그제 기자회견 때도 몇 명 안 됐잖아요, 가족들이. 그래서 자기네들이 선을 그어놓고 그럴 때만 나오라고 하니까 거기는 안 나가죠, 그 사람들이.

면담자   기자회견이면 설날 경기도교육청 정문 앞에서 있었던?

수정 아빠   아, 단원고 정문 앞에서요.

면담자   단원고 정문 앞에서 있었던 2학년 교실 존치를 위한 서명을 말씀하시는 거죠?

수정 아빠   예.

면담자   교육청 앞에서 교실 존치를 위한 피케팅을 지금 오랜 기간 하고 있는데, 아버님은 참여를 하셨는지요?

수정 아빠 김종근

| 수정 아빠 | 저는 교육청은 못 갔습니다. |

| 면담자 | 교실 존치와 관련된 활동을 같이 하진 못하셨네요? |

| 수정 아빠 | 예, 다만 학교 가가지고 교실만 보고 오는 거죠. 지금 한참 공사 중이니까, 혹시 손댄 거 있는가 그거만 살짝 [보러] 갔다 오는 거예요, 밤에. |

| 면담자 | 아직도 경기도교육청과 단원고가 4·16교실을 잘 보존하겠다는 선언을 안 하고 있는데, 이에 대해서는 어떻게 생각하십니까? |

| 수정 아빠 | 지금 답답한 게, 이재정 교육감도 청와대 1인 시위하잖아요. 자기 입장이 있으니까 1인 시위를 할 건데, 우리가 이렇게까지 하면은 분명히 교실 만들 수 있거든요. 빈 공간… 남아 있는 공간 활용하면 충분히… 여덟 개가 필요하다고 했는데, 일곱 개까지는 만들 수 있는 공간이 있는 걸로 알고 있어요, 저도 가서 보기도 했고. 근데 자기도 시위하면서 통과가 안 되고, 그렇게 답답한 걸 알면서도 그거를 안 한다는 게 좀 아이러니죠. |

16
추구하는 삶의 목표

| 면담자 | 구술 면담이 마지막 단계에 접어들었는데요, 앞으로 |

아버님이 추구하는 어떤 인생의 목표랄까, 그런 것은 무엇인지요?

수정 아빠   일단은 사회적 약자가 너무 많다는 걸 느꼈고요. 위를 보지 말고 아래를 보고 살아야 되겠다는 거를 느꼈습니다.

면담자   그러면 약자들과 함께하는 활동을 생각하고 계시다는 말씀인지요?

수정 아빠   제가 뭐 힘이 있어서 그분들을 도운다기보다 일단 아픔을 같이할 수 있는 그런 마음가짐을 가지고… 단 한 번이라도 그분들을 찾아가서… 그 현장을 보고 그런 활동을 하고 싶어요.

면담자   앞서 2반 엄마, 아빠 여섯 분을 소개하셨는데, 앞으로 이 세월호 단원고 희생자 유가족과 평생 만나실 거 같습니까, 어떻습니까?

수정 아빠   그렇죠. 열흘에 한 번씩 모이는 분들만 아니고, 시간이 안 나서 못 오시는 분들도 많거든요. 그분들은 항상 만나면 하시는 말씀이 그거예요. "우리는 애들이 맺어준 인연이니까 평생 같이 가자, 이웃보다도 더 끈끈하니까 같이 가자" 그 말씀을 항상 하거든요, 저도 그게 옳다고 생각을 해요.

면담자   다른 분들 만나는 거보다 서로 편안하고 위안이 되시고….

수정 아빠   예. 일단 얘기를 하면은 서로가 아니까, 같이 있으면 웃을 수 있고 그러지마는 제3자가 끼면 그게 안 되더라고요.

수정 아빠 김종근

면담자 아버님, 긴 시간 차근차근 여러 가지 말씀 주셔서 정말 감사드립니다. 마지막 말씀처럼 세월호 가족들이 오랜 시간 함께 힘을 합쳐서, 저희가 믿을 수 있는 곳이 많지 않으니까, 아버님 말씀대로 평생 선행을 함께 하면서 조금이라도 새로운 행복을 찾아가는 그런 가족공동체가 되면 참 좋겠다는 생각을 했습니다. 끝으로 마무리 말씀, 무엇이라도 좋으니 해주시죠.

수정 아빠 아, 우리 유가족 부모님들이 건강 좀 신경을 쓰셨으면 좋겠어요. 저도 그런 거를 많이 느꼈는데, 일단 내 자신이 건강해야… 보낸 애도… 남아 있는 가족들을 더 잘 챙길 수 있으니까 제발 건강 좀 챙겼으면 좋겠어요. 지금이야 앞만 보고 가시니까 저거 하지만 조금 길… 긴 싸움이 될 거라고 처음부터 예상은 했었으니까 건강 챙겨가면서 했으면 좋겠습니다.

면담자 구술에 응해주셔서 감사하다는 말씀 전하면서 이것으로 수정 아버님의 구술을 마치겠습니다. 감사합니다.

수정 아빠 예, 감사합니다.

4·16구술증언록 단원고 2학년 2반 제1권

그날을 말하다 수정 아빠 김종근

ⓒ 4·16기억저장소, 2019

기획 편집 4:16기억저장소 ┃ **지원 협조** (사)4·16세월호참사가족협의회
펴낸이 김종수 ┃ **펴낸곳** 한울엠플러스(주)
초판 1쇄 인쇄 2019년 4월 1일 ┃ **초판 1쇄 발행** 2019년 4월 16일
주소 10881 경기도 파주시 광인사길 153 한울시소빌딩 3층
전화 031-955-0655 ┃ **팩스** 031-955-0656 ┃ **홈페이지** www.hanulmplus.kr
등록번호 제406-2015-000143호

Printed in Korea.
ISBN 978-89-460-6710-3 04300
      978-89-460-6700-4 (세트)
* 책값은 겉표지에 표시되어 있습니다.